차근차근
자문화기술지

한유리

Autoethnography
: A Step-by-Step Guide for Qualitative Researchers

박영story

강의실이든 회의실이든 다 비슷하다. 별로 새롭거나 궁금하지 않은 프레젠테이션이 지루하게 이어질 때가 많다. 참석한 사람들은 겉으로는 최대한 매너를 갖춰 자리를 지키지만 내려오는 눈꺼풀과 힘겹게 싸움 중이거나, 마치고 나가서 '무얼 먹어야 만족스러운 식사가 될지', '마감일이 코앞인 프로젝트는 어떻게 처리할지' 머릿속이 분주하다.

그때 무언가 떠오른 듯 발표자가 이렇게 말한다.

"아! 이 얘기를 해도 괜찮을지 모르겠는데… **실제로 예전에 이런 일이 있었어요.**"

일순간 어수선했던 주위가 조용해진다. 생각이 저 멀리까지 갔던 사람도 이때만큼은 눈이 반짝반짝하다. '뭐지? 무슨 얘길까?'

개인적인 이야기의 힘

사람들은 다 비슷하다. 추상적인 이론 설명보다는 사적인 이야기에, 딱딱한 주제보다는 남들 앞에 내놓기 부끄럽거나 설레고, 때로 가슴 아픈 이야기들에 끌린다. 한번 들으면 잘 잊히지도 않는다. 타고나길 훔쳐

보는 성향이 있어서일까? 그보다는 인류가 스토리텔링을 통해 지금껏 살아남았기 때문이란 해석이 더 와닿는다. 『끌리는 이야기는 어떻게 쓰는가』의 저자 리사 크론(2015)의 말처럼 타인의 이야기를 들으면서 우리는 '나라면 그 상황에서 어떻게 했을까? 나도 저렇게 대차게 맞서보고 싶다' 같은 생각을 한다. 마치 가상현실처럼 그 상황을 머릿속에서 시뮬레이션하면서 불확실한 미래를 준비한다. 뿐만 아니라 나와 같은 처지에 있었다는 상대방의 이야기는 '나만 겪는 일이 아니었구나'하는 안도감과 위로를 준다. 리사 크론이 강조하듯, 인간은 현실도피를 위해 이야기를 듣는 게 아니라 현실을 탐색하기 위해 반드시 이야기가 필요하다!

질적 연구와 개인적 이야기

질적 연구는 아이부터 노년에 이르는 다양한 사람들의 이야기를 다룬다. 이들이 여러 장소에서 배우고, 성장하고, 나이 들어가고, 소외되고, 차별당하고, 아파하고, 치유되고, 갈등을 겪고, 실패하고, 극복하는 사연들이 연구에 담겨있다.

그런데 연구자는 어디에 있나? 우리 역시 많은 참여자들과 다를 바 없는 한 명의 인간이다. 논문을 쓰고 있지만 동시에 성인 학습자이거나 조직의 구성원이고, 누군가의 부모이거나 자식이다. 다양한 공동체에 속해 있으며, 삶의 문제로 고민한다. 그러나 연구자의 삶은 연구 주제로는 부적절하게 여겨져 왔다. 자신의 감정을 드러내는 순간 연구가 주관적으로 흐른다는 비난이 여기저기서 날아든다. 참여자들의 개인적 이야기는 신뢰할 만한 자료로 여겨져도 연구자의 개인적 이야기는 자아도취에 빠진 인간의 부적절한 자기고백처럼 학자들의 눈살을 찌푸리게 만든다. 그래서 연구자의 렌즈는 거의 늘 타인을 향해 있었다.

자문화기술지

연구자가 용기를 내서 그 렌즈를 자신의 경험으로 향한 것이 바로 자문화기술지다. 단, 개인의 경험을 매개로 해서 자신이 속한 '문화'를 새로운 시각으로 이해하는 것이 핵심이다. 자문화기술지라는 방법론을 처음 알게 된 연구자들의 반응은 보통 둘 중 하나다. 다소 충격을 받는 듯 '어? 그런 연구도 가능한가?'하고는 이내 자신과는 상관없다는 듯 시큰둥해지거나 '아, 나도 꼭 해보고 싶다!'는 관심에 눈이 반짝인다. 나는 후자였다. 혼자서 조용하고 확고하게 연구로 이어나갔고 그 결실은 보람찼다. 그랬기에 자문화기술지에 관심을 갖고 시도하는 다른 연구자들 역시 그러하리라 믿는다.

콩이와 들깨

이 책의 내용은 자문화기술지 연구를 하고 싶지만 마음만 앞서서 좌충우돌하는 콩이와 그런 친구를 지켜봐주는 들깨의 이야기를 따라간다. 자문화기술지 연구를 그다지 탐탁지 않아 하는 들깨를 설득하는 과정을 통해서 콩이가 더 탄탄한 연구를 할 수 있을 것이라고 생각했다(참고로 콩이와 들깨라는 이름은 내가 어릴 적 좋아하던 김성환 화백의 만화에서 빌려왔다).

감사한 사람들

책을 구상하면서부터 삽화를 생각했지만 내 그림 솜씨로는 어림없는 일이었다. 그래서 도움을 요청한 사람이 바로 아끼는 제자 조해밀이다. 해밀이는 대학교 수업 시간에 과제물을 제출할 때마다 여백에 만화를 그려 넣으며 그 글을 읽는 사람까지 즐겁게 하는 재주가 있었다. 처음에 콩이와 들깨의 짧은 대화로만 간략히 설정되어 있던 아이디어를 찰떡같이 알아듣고 멋진 캐릭터로 구현해 준 센스 넘치는 해밀이의 미래를 응원한다.

　그리고 언제나 믿고 기회를 주시는 피와이메이트 노현 대표님, 교정과 책 작업을 꼼꼼히 챙겨준 김다혜 편집자님, 나아가 책 잘 보았다며 인사해 주시는 연구자분들이 계셔서 늘 새로운 시도를 해볼 수 있다고 생각한다. 모두에게 깊은 감사의 말씀을 전하고 싶다.

**콩이의 일기
등장인물**

나, 콩이

직업	박사과정생
전공	경영학과
관심	코칭과 리더십 개발, 질적 연구
주로 시간을 보내는 곳	대형 서점, 도서관
취미	웹툰 보기, 식물 키우기

친구, 들깨

직업	박사과정생
전공	수의학과
관심	동물 전염병 치료제 연구
주로 시간을 보내는 장소	실험실
취미	드라이브, 라이브 공연 관람, 여행

첫 번째 일기

차근차근 자문화기술지

첫 번째 일기

이번 학기는 대학원 과정에서 필수 과목의 하나인 질적 연구 수업을 듣는다. 처음에는 아무것도 모르고 수강신청을 했는데, 알면 알수록 질적 연구에 매력을 느낀다.

오늘은 수업 시간에 흥미로운 이야기를 들었다. 연구자가 자신의 개인적인 경험을 바탕으로 연구를 할 수도 있단다. 자문화기술지였나?

저녁에는 오랜만에 친구 들깨를 만났다.

들깨의 반응이 시원치 않은 건 어찌 보면 당연하다. 들깨의 중요한 일과는 매일 실험실에서 균들이 얼마나 증식했는지 정확하게 측정하는 일이다. 측정 결과가 유의미하게 나오면 정해진 형식에 따라 군더더기 없이 논문을 쓰고 학술지에 투고한다. 그러니 들깨가 보기에는 자문화기술지라는 연구방법론도, 허구한 날 논문 걱정인 나도 이해가 안 되겠지.

들깨와 나의 입장 차이가 크긴 하지만, 그래도 들깨의 현실적인 조언이 늘 나에게 도움이 되어왔다는 점을 잊지 말자!

자문화기술지와의 첫 만남

질적 연구자들의 모임

2009년 5월의 시카고는 이미 더위가 시작된 화창한 날씨였다. 일리노이 대학에서는 매년 국제질적탐구회의(International Congress of Qualitative Inquiry)가 열리는데 그 해는 제5회 행사였다. 당시 나는 박사과정을 시작한 지 얼마 안 된 초자 대학원생이었고 양적 연구만 알다가 질적 연구를 처음 접하고는 새로운 연구 방법론에 상당히 흥미를 느끼고 있었다. 그러다가 나를 조교로 쓰시던 질적 연구 전공 교수님(Dr. Preissle)이 이 학회에 가신다는 말을 듣고 혼자 무작정 조지아에서 시카고로 날아왔다. 거기서 또 버스로 드넓은 밭을 가로질러(오르락내리락이 많은 조지아와 달리 시카고는 넓은 평지였다) 일리노이 대학에 도착. 드디어 5일간 진행되는 학회에 등록한 것이다.

"유리야, 너 언제 여기 와 있었니?"

이른 아침 오전 세션들을 찾아 나선 길에 프라이슬리 교수님과 우연히 마주쳤다. 함께 건물 밖 잔디 옆을 걸으며 이동하는데 반바지와 슬리퍼 차림에 자전거를 끌고 가던, 중년이 훨씬 넘고 덩치가 큰 한 남성이 옆을 지나갔다. 프라이슬리 교수님이 웃으며 먼저 인사를 건넸다.

"일찍 다니시네요?"
"네, 세션이 진행되는 건물마다 불은 잘 켜져 있는지 확인 좀 하려고요."
"네, 그럼 수고하세요."

나는 속으로 '경비아저씨인가?' 생각했지만 그냥 조용히 있기로 했다. 교수님도 다른 세션을 들으러 가시고 나는 다시 혼자 여기저기 기웃거리기 시작했다.

"독자와 저자와의 만남"

교수님과 헤어져서 혼자 찾아갔던 첫 번째 세션은 막상 듣다보니 내용에 별로 관심이 안 갔지만 중간에 나가지도 못하고 꼼짝없이 앉아 있었다. 발표자 빼고 달랑 두 명이 듣고 있었기 때문이다. 열심히 준비한 발표자에게 미안해서 끝까지 있다가 마치자마자 얼른 나와 다른 건물로 이동했다. 그러다가 저쪽 강의실 하나에 사람들이 북적거리는 걸 보았다. 호기심에 들어가 빈자리에 앉았다. 그때 앉길 잘했지. 이후에 온 사람들은 뒤에 빼곡하게 서서 들어야 했다.

발표자인 듯한 여교수님이 강단 왼쪽 뒤편에 서 있었고 오른쪽에는 토론자로 지정된 다섯 명 정도의 교수들이 앉아 있었다. 앗! 아까 그 경비아저씨(?)가 여기에? 나는 그분이 Sage 출판사의 질적 연구 핸드북 표지에서 이름만 봤던 노먼 덴진(Norman Denzin) 교수라는 것을 그날 처음 알게 되었다.

그 세션의 주제는 "독자와 저자와의 만남"이었다. 자문화기술지 분야에서 잘 알려진 저자이자 사우스 플로리다 대학 커뮤니케이션과 사회학과의 캐롤린 엘리스(Carolyn Ellis) 교수가 그녀의 신간인 『Revisions』(2009)를 소개하고 몇몇 미리 선정된 교수들이 책의 일부분에 대해 코멘트와 질문을 하는 시간이었다. 자문화기술지라는 방법이 생소했던 나에게 인상적이었던 점은 두 가지였는데, 대부분 발표자와 몇 명의 대학원생 정도만 참석해 휑하니 비워져 있던 다른 세션들과는 달리 그 강의실은 뒤늦게 들어온 사람들은 모두 서서 들어야 할 정도로 관심이 대단

했다는 것이 그 하나고, 또 하나는 연구자의 개인적인 경험을 소재로
학문 연구가 가능하다는 사실이었다.

일주일간의 워크숍을 마치고 돌아오는 동안 자문화기술지는 머릿속
에서 떠나질 않았다. '나도 하고 싶다.', '어떻게 시작할까?' 그렇게 질적
연구, 그리고 자문화기술지는 단순한 과목이 아닌 삶에서의 의미 있는
만남으로 다가왔다.

두 번째 일기

차근차근 자문화기술지

두 번째 일기

자문화기술지는 영어로 Autoethnography다. Auto는 잘 모르겠지만 에스노그라피는 문화기술지란 이름으로 질적 연구방법론 시간에 들어 본 경험이 있다. 문화를 기술하는 건가? 그런데, 문화가 뭐지? 당연히 안다고 생각했는데 막상 문화에 대해 말하려니 시작부터 막히는 기분이다.

공부 계획
⇒ 문화기술지와 자문화기술지의 관련성

문화기술지와 문화

문화인류학과 문화기술지

문화기술지 연구는 어떠한 문화나 하위문화, 또는 특정 조건 아래에 살고 있는 집단 사람들의 일상을 이해하려는 시도다(Gergen & Gergen, 2018). 초기의 문화인류학자들은 주로 낯선 이국적인 문화를 대상으로 연구를 진행하였다. 연구자는 현지인들의 삶이 펼쳐지는 사회문화적 환경에서 오랜 시간 그들과 함께 머물며 이들의 언어와 일상적인 삶의 방식에 익숙해져 간다. 그 과정 속에서 자연스럽게 관찰을 하고 대화도 나눈다. 자료 수집이 모두 끝나면 고국에 돌아와서 이들의 문화를 글로 자세히 기술하는데 이러한 연구 방식을 문화기술지라고 부른다.

물론 처음부터 바로 현지의 문화를 이해할 수는 없다. 따뜻한 환영을 받거나 흔쾌히 내부 구성원으로 받아들여질 리도 없다. 친숙해지려면 서서히 가까워질 시간이 필요하다. 1958년에 연구차 발리에 간, 잘 알려진 문화인류학자인 클리포드 기어츠(Clifford Geertz) 역시 초기 한동안은 마치 현지인들의 눈에 보이지 않는, 존재하지 않는 존재, "한 줄기 바람 같은"(Geertz, 2009, p. 484) 단계에서 머물렀다고 한다. 그러던 어느 날 발리인들 틈바구니에서 이들이 가장 좋아하는 게임인 닭싸움을 구경하고 있었는데 갑자기 단속반이 뜬 것이다. 기어츠는 쏜살같이 도망치는 현지인 사이에 섞여서 얼떨결에 함께 도망치게 되었고 같은 방향으로 도망치던 한 발리인과 함께 그의 집에 들어가서는 뒤따라온 단속반을 천연덕스럽게 속이고 따돌려 버리는 연극에 공모한다. 이후 기어츠에 대한 발리인들의 태도는 확연히 달라진다. 마음의 문이 조금 열리면서 그는 발리인들의 문화 안에 한 발짝 다가갈 수 있었다고 말한다.

문화기술지와 문화

문화기술지에서 인간의 행위를 이해하기 위해 사용하는 분석적 틀은 문화다. 문화(culture)라는 단어는 땅을 갈고 경작한다는 의미의 라틴어에서 나왔으며, 이후 체계적인 교육을 통해 사람들의 정신을 개선하고 향상시킨다는 비유적인 의미로도 사용되어 왔다. 즉 문화인이란 타인과 함께 살아가기 위해서 배우고 가다듬어진 사람을 지칭한다고 볼 수 있다. 그러므로 함께 어울려서 살아간다는 것은 문화가 자연스럽게 우리 안에 녹아 있다는 의미가 된다.

문화는 타인을 관찰한다든지 인터뷰하고 또 그들이 만들어낸 각종 물건과 작품, 사진, 글 등을 살펴보면서 사람들의 행동에서 포착되는 패턴들을 이해하는 과정에서 드러난다. 이러한 행동양식은 해당 집단 구성원들 내부에 깊게 자리 잡고 있으며 이들 모두가 잘 알고 있는 공유된 지식이나 이해를 반영한다(Schwandt, 2015). 물론 공동체란 멀리서 볼 때는 비슷해 보여도 가까이 보면 가지각색이다. 다양한 개성을 지니며 서로 생각이 다른 사람들이 섞여있다. 예를 들어 외국인이 볼 때 전반적으로 한국 사람들의 식습관이 유사해 보이겠지만 정작 한국 가정들을 자세히 관찰하면 무슨 재료를 어떻게 조리하는지, 매끼 식사로 무엇을 먹는지 얼마나 다양하겠는가? 그럼에도 전통적으로 한국 사람들은 장을 담근다든지, 다양한 김치를 먹는다든지, 뜨거운 음식을 뚝배기에 먹거나 여름에는 차가운 냉국을 먹거나 하는 것이 당연하게 느껴진다. 이처럼 같은 문화를 공유하는 사람들은 그 다양성에도 불구하고 서로 상호작용하면서 오랜 기간 전해져 오는 촘촘하게 짜인 의미와 가치의 망을 깊이 내재화한다.

문화는 이처럼 가까운 개인들 간의 관계 속에서 만들어지지만 전체 집단이 공유하는 패턴을 반영하기 때문에 총체적인 개념으로 볼 수 있다. 기어츠(2009)의 설명처럼 누군가 눈을 찡긋했을 때 눈에 무엇이 들어가서인지, 눈이 부셔서 한 행동인지, 또는 무언가 공모를 꾀하면서 보내는 비밀 신호인지를 구별하는 것은 윙크가 문화적 범주로 존재하는가의 여부에 달려있다.

> "..눈꺼풀을 수축하는 것이 하나의 공모의 신호로 여겨지는 공적인 코드가 존재하는 곳에서 의도적으로 눈꺼풀을 수축시키는 행위를 하는 것이 곧 윙크이다. 즉 하나의 행위는 곧 그 문화의 일부가 되며, 그럴 경우 그것은 단순한 동작이 아니라 하나의 제스처라고 할 수 있다... 자신의 눈꺼풀로 무엇을 하든지 간에 그것을 받아들이고 해석하게 해주는 의미구조 없이는 그들의 행위가 하나의 문화적 범주로 존재한다고 볼 수는 없다."(Geertz, 2009, p.15-16)

하나의 문화권에 사는 사람들은 기본적인 의식주 활동을 포함해서 해당 사회의 문화적 규범을 벗어나지 않는 범위 안에서 살아간다. 내부 사람들에게 이러한 삶의 모습은 매우 자연스럽고 당연하다. 반면 외부인의 눈에는 그렇지 않다. 한번은 방콕 시내에서 택시를 탄 적이 있다. 그런데 택시가 한참 잘 달리다가 신호 앞에서 멈춰서더니 아무리 기다려도 다시 달릴 생각이 없어 보였다. 고개를 빼고 밖을 내다봐도 모든 차들이 정지 상태다. 교통지옥인 방콕에서도 이건 아니다 싶어서 기사에게 물어보니 저 앞 어딘가에 왕족이 지나가기 때문이라고 한다. 대체 얼마나 대규모 행차이기에 도로의 차들을 전부 세우고 기다리게 하는지 어이가 없는 관광객과는 달리, 태국인인 택시 기사는 한없이 편안한 표정으로 마음껏 핸드폰 검색을 즐기고 있었다. 이 상황을 이해하려면 태국은 왕이 있으며 국왕 존중 문화가 상당한 나라임을 알아야 한다. 왕이나 왕의 직계 가족, 신분이 높은 사람들이 이동할 경우에는 출발지부터 목적지까지 경찰들이 길목을 통제하는 일을 당연시한다. 어디에도 경적을 울리는 운전자는 찾아보기 힘들다.

우리는 낯선 곳을 여행할 때 이러한 문화적 차이를 자주 마주하게 된다. 이로써 우리 자신의 문화 역시 새롭게 이해할 수 있다.

깊고 역동적인 문화

외부인에게는 낯선 문화라도 현지인들 안에는 뿌리 깊게 자리 잡혀서 당연하게 느껴지기 때문에 쉽게 포착되지 않는다. 또 개인은 가족, 학교, 동아리, 직장, 동호회 등 동시에 여러 조직이나 공동체에 속할 수 있는데 그 안에서 나름의 하위문화가 형성된다. 이들과 소속감을 느끼기 위해 같은 옷이나 가방을 주문해서 걸치고 다니기도 한다.

그렇게 공동체의 일원으로 동질감을 느끼다가도 상황이 변하고 예전만큼 친밀감이 없어졌다면 그 문화를 벗어날 자유도 있다(Chang, 2008). 이 경우 더 이상 해당 문화의 일원이 아니어도 그 문화적 특성이 개인에게 오래 남아있기도 한다. 예를 들어, 나는 10년 정도 직장생활을 하다가 퇴사하고 늦깎이 대학원생이 되었는데 한동안은 대학원 동기를 자꾸 "동료"라고 부르는 등 조직생활 문화가 상당 부분 남아있었다.

요즘 같은 시대에는 직접 대면하지 않아도 온라인상으로 나름의 문화가 만들어지기도 한다. 한국에 한 번도 와보지 않았지만 K-pop에 열광하는 외국인들이 나름의 팬 문화를 형성하듯 말이다. 이처럼 다양한 하위문화를 포함한 한 사회의 문화를 단순하게 설명한다는 것은 쉽지 않다. 문화는 안정적인 면과 역동적인 면을 모두 가지며 그 과정에서 행동의 의미도 계속 변화한다.

이국적 문화에서 도시의 일상생활 분석으로

학자들의 관심은 1차 세계대전을 거치며 이국적인 문화에서부터 점차 도시의 삶으로 이동했다(Anderson, 2006). 1920년대 미국의 시카고 대학 사회학자들(일명 시카고학파)은 주변의 사회 문제에 관심을 기울였다. 다양한 민족과 사회 계급, 나이대, 소비 패턴 등을 지닌 다수의 문화집단과 하위문화들로 사회가 구성되다 보니 이질적 집단 사이에 갈등이 생기게 되었고, 여기에 더해 사회에서 일탈한 사람들까지 섞이다 보니 도시의 문제는 점차 심각해졌다.

시카고학파는 대학원생들이 문화기술지적 현장 연구 방법을 사용해서 자신들의 삶과 밀접한 장소 안에서 사회학적 연구를 하도록 권유했다. 대표적인 연구의 예가 바로 1923년 넬스 앤더슨(Nels Anderson)의 호보(hobo) 연구다. 호보는 다양한 이유로 집 없이 각지를 방랑하며 날품팔이로 먹고 사는 가난한 이민노동자나 홈리스들이다. 앤더슨은 시카고 주변에서 호보와 홈리스들이 처한 사회적, 경제적 문제를 부각하고 이들을 돕기 위해 연구를 진행하였다.

2차 세계대전 이후에는 직업, 전문직, 교육 등의 연구가 강조되면서 대학원생들이 개인적으로 연관된 일터에서 문화기술지를 진행하였다. 군대에서 겪은 일이나, 택시 운전, 병원 근무 경험 등이 연구 주제로 다뤄졌는데 아직까지 연구의 초점은 연구자 자신이 아닌 타인들의 경험에 맞춰져 있었다(Anderson, 2006).

누구의 관점인가?

서구의 관점에서 진행되는 타문화 연구에 대한 비판

전통적 문화기술지의 결과는 낯선

외지인의 눈에 포착된 내부인의 문화다. 처음에는 이러한 연구 방식이 아무 문제 없이 받아들여졌다. 타문화를 배우고 이로써 스스로를 더 잘 이해하려는 의도로 보면 말이다. 그러나 거겐(Gergen, 2020)의 비유처럼 낯선 외국인이 내 집 거실에 떡하니 앉아 우리 가족이 먹고 자는 일상을 면밀히 관찰하고 나서 자기 나라로 돌아가 내 가족의 문화를 이렇다 저렇다 평한다면 순순히 수긍이 되겠는가? 게다가 잘 알지도 못하면서 우리를 야만스럽다고 얕잡아 본다면 기가 찰 것이다. 전통적 문화기술지 연구도 마찬가지다. 타인들을 누가, 어떠한 이유로, 누구의 시각에서 규정하는가에 대한 비판이 제기되기 시작했다.

그동안의 연구들은 유럽 중심주의와 서구 우월주의 속에서 진행되었다. 서구의 사상과 제도를 잣대로 다른 세계의 문화와 제도를 평가했다. 식민지 지배국가가 식민지나 비서구 세계보다 우월하고 선도적인 문화를 가지고 있는 듯 다뤄졌다. 이를 비판한 대표적 학자가 에드워드 사이드(Edward Said, 1935－2003)다. 그는 1978년에 출판한『오리엔탈리즘』에서 동양이라는 개념이 근본적으로 유럽인에 의해 고안되었으며 동양에 대한 서양의 사고방식이자 지배방식을 보여준다고 지적했다. 자신들의 관점에서 비서구 문명을 연구하면서 일종의 우월감을 느꼈으며, 단편적으로 일반화한 결과를 바탕으로 타문화에 대한 서구의 지배를 정당화했기 때문이다.

객관적 관찰자 입장에 대한 의문

문화기술지 연구는 분명 장점이 있다. 특정 집단 구성원들에게는 너무나 자연스러운 나머지 무심하게 반복해온 행동이 외부인의 눈에는 더 쉽게 포착되기 때문에 의외의 통찰을 얻을 수 있다. 그런데 이때 외부인의 관점이 객관적이고 중립적인가 하는 부분을 생각해 볼 필요가 있다. 앞서 이야기한 것처럼 비서구 문명에 대한 유럽인의 관점은 중립적이거나 객관적이지 않았다. 그들 역시 자신들이 만들어낸 문화 속에서 성장하면서 나름의 관점이 형성되었고, 이것이 렌즈가 되어서 다른 세상을 이해하고 있었다. 연구를 하는 목적 역시 지배를 정당화하려는 숨은 의도를 포함했다.

이것은 당시의 상황일 뿐이며, '최대한 노력한다면 객관적이고 중립적으로 세상을 이해하는 것이 가능하지 않겠는가?' 하는 생각이 들지도 모른다. 연구자에게 중요한 덕목 중 하나가 객관성과 중립적 입장임을 잘 알고 있으니까. 그런데 애초에 타인의 삶을 객관적으로 관찰한다는 것이 가능할까? 무언가를 관찰하고 있는 대상, 즉 관찰자 자신의 입장과 상관없이? 그렇다면 세상에는 왜 그렇게 벌어진 사건을 두고 서로 다른 해석이 난무하는 것일까? 흔한 표현인 '내로남불'처럼 말이다.

사회구성주의 관점에서는 사람들이 여러 공동체에 속해 있으며, 공동체마다 중요시하는 가치가 다양하기 때문에 서로 다른 관점으로 세상을 보고 실재를 다르게 구성한다고 여긴다. 그러므로 연구자들이 사람들의 삶을 정확하고 객관적으로 반영하려고 아무리 노력해도, 여기에는 연구자가 속한 공동체의 이해와 가치가 개입될 수밖에 없다(Gergen & Gergen, 2018). 객관적 실재의 존재 여부, 그리고 객관적 관찰자 입장에 대한 의문(Reed-Danahay, 1997)은 문화기술지 연구의 방향에 영향을 미치게 되었다. 나아가 리드 다나헤이(Reed-Danahay, 2017)의 설명대로 "내부자와 외부자, 낯섦과 익숙함, 객관적 관찰자와 참여자, 개인과 문화"(p. 145)와 같이 세상을 이분법으로 나누는 문화기술지적 지식 역시 문제시되었다.

문화는 그 자체로 이해되지 않는다. 반드시 해석이 필요하다. 클리포드 기어츠 같은 해석학적 문화기술지 연구자들은 연구자와 참여자가 서로 영향을 주고받을 수밖에 없는 연구의 주관성을 다음과 같이 인정한다.

"인간을 자신이 뿜어낸 의미의 그물 가운데 고정되어 있는 거미와 같
은 존재로 파악했던 막스 베버를 따라서 나는 문화를 그 그물로 보고
자하며, 따라서 문화의 분석은 법칙을 추구하는 실험적 과학이 되어서
는 안 되며 의미를 추구하는 해석적 과학이 되어야 함을 주장하고자
한다."(Geertz, 2009, p. 13)

　타인의 문화를 연구하는 것에 대한 비판적 성찰, 객관적 관찰자의 입
장에 대한 회의는 이후 연구에 영향을 미치는 연구자의 주관성에 대한
적극적 성찰(reflexivity)에 관심을 불러일으켰다. 그리고 연구자 스스로
가 속해 있는 공동체에 대한 관심과 타인의 삶이 아닌 연구자 자신의
이야기로 연구의 초점이 옮겨가는 데 영향을 미치게 되었다.

세 번째 일기

치근치근 자문화기술지

세 번째 일기

살펴보니 문화기술지는 이국의 낯선 타인들을 연구하던 전통적 방법에서 점차 그 초점이 연구자 자신의 문화로 옮겨가는 과정으로 전개되었다. 음.. 그런데 자신을 연구하는 방법에는 여러 가지가 있을 거란 생각이 든다. 자서전을 쓴다든지, 심리 상담을 받으며 과거 경험을 분석한다든지..

공부 계획
⇒ 여러 종류의 자기 연구와 자문화기술지의 관계
⇒ 자문화기술지의 정확한 의미

자기 연구와 자문화기술지

자기 연구(self‒study)

나는 대학 때 학교 도서관에서 반납된 책을 정리해 제자리에 꽂아 놓는 아르바이트 일을 했었다. 그때 처음으로 도서관이 혼자 하루를 보내기 썩 좋은 곳임을 알았고, 요 구석 저 구석 나만의 아지트도 생겼다. 이 습관은 이어져서 대학원 박사과정 때에도 시간이 비면 도서관 1층부터 꼭대기 층까지 책 구경을 다녔다.

도서관에는 전공과는 거리가 멀지만 재미있는 책이 많다. 한 번은 심리학 코너에서 『Loneliness』라는 작고 얇은 책이 눈에 띄었다. 앞부분에 저자는 '외로움'이라는 주제에 어떻게 관심 갖게 되었는지 적어 놓았다. 그의 딸은, 다행히 지금은 건강하지만, 5살 무렵 몹시 아팠단다. 부모로서 수술 동의서에 서명을 해야 했는데, 아이의 건강이 회복될 수도 있지만 잘못되면 생명을 잃을 수도 있다는 말에 마음이 무거웠다. 가까운 가족과 친구들은 '괜찮을 거야'라며 위로와 지지를 건네주었다. 그러나 동의서에 서명을 해야 하는 무거운 책임은 어느 누구도 아닌 그 자신만의 것이라는 현실 앞에서 저자는 깊은 실존적 외로움을 느꼈고 그때부터 외로움이란 주제에 몰두했다고 한다.

인본주의 심리학자이며 현상학적 연구의 한 가지인 발견적 탐구(heuristic inquiry)를 창시한 클라크 무스타카스(Clark Moustakas)의 경험이다. 이처럼 발견적 탐구는 연구자 자신이 가장 잘 알고 있고 가장 깊게 접촉할 수 있는 자신의 사례에서 연구를 시작하는 것을 자연스럽게 여긴다.

더 오래전으로 거슬러 올라가 보자. 정신분석의 창시자 지그문트 프로이트(Sigmund Freud)는 치열한 자기분석을 통해 무의식과 억압, 방어기제 같이 눈에 보이지 않으면서도 삶에 강력한 영향을 미치는 개념들을 밝혀냈다. 분석 심리학의 창시자 칼 융(Carl Gustav Jung) 역시 자신의 꿈을 글과 그림으로 기록하고 분석하였으며 내면의 경험을 포착하고 성찰하는 과정 속에서 집단 무의식, 페르소나, 그림자 같이 인간에 대한 깊이 있는 이해에 이르렀다. 이처럼 자신의 경험을 연구하는 것은 현대에 새롭게 나타난 방법이 아니다.

연구자는 삶의 어느 순간 문득 자신의 개인적 경험으로 눈을 돌릴 수 있다(Adams, Holman Jones, & Ellis, 2015). 관심 있는 현상이 연구자 자신의 경험이어서, 이것을 사례로 정해 연구를 할 경우 자기 연구(self-study)의 종류에 속하게 된다(Patton, 2017).

'auto' + 'ethnography'

문화기술지 앞에 '자기(auto)'가 처음 붙어서 언급된 것은 1975년 칼 하이더(Karl G. Heider)의 연구다. 하지만 이 연구에서 말하는 auto는 우리가 살펴보고 있는 자문화기술지의 auto와는 다른 의미로 사용되었다. 하이더는 인도네시아 다니(Dani) 사람들을 연구하면서 기존의 현장조사 방식에 변화를 시도했다. 연구자가 참여자들을 관찰하며 이들의 생활을 알아내는 대신 다니 사람들에게 "그들이 무엇을 하는지"(Heider, 1975, p. 3) 직접 물어보았고, 그 결과를 일컬어 다니 사람들 스스로에 의한 문화기술지(Dani auto-ethnography)라고 불렀다.

1979년 문화인류학자 데이비드 하야노(David Hayano)는 연구자가 원래부터 자신이 속한 집단의 내부자인 경우, 혹은 외부인이었던 연구자가 '완전한 내부자'로서의 정체성을 획득한 뒤 자신들의 문화를 연구한다는 뜻으로 자문화기술지라는 용어를 처음 언급했다. 당시 하야노는 카드놀이에 푹 빠져 있었는데, 그의 책 『포커페이스(Poker faces)』(1982)

는 그 자신을 포함하여 여유 시간에 남부 캘리포니아의 합법적 카드 방에서 카드놀이를 하는 사람들에 대한 연구다.

그러나 하야노는 지금의 우리가 이해하는 자문화기술지 연구, 즉 문화기술지적으로 연구자 자신의 경험을 분석한 연구에 대해서는 자문화기술지가 아니라고 하면서 이를 "self−ethnographic"(Hayano, 1975, p. 103) 연구로 분류하였고 이에 대해 부정적 입장을 취했다. 연구자의 삶을 분석할 경우 연구 결과를 다른 구성원들에게 바로 적용하기가 어렵다고 보았기 때문이다.

이후 엘리스와 보크너(Ellis & Bochner, 1996)를 비롯한 자문화기술지 연구자들은 autoethnography라는 용어를 가져다가 연구자 본인의 경험을 다룬 연구 방법을 지칭하는 용어로 사용하고 있다. 하야노의 의도와는 다르게 발전된 셈이다.

'auto' + 'ethno' + 'graphy'

자문화기술지 연구가 무엇인지 이해하기 위해서는 이 방법론이 무엇을 전제로 하고 있는지 알아야 한다. 자문화기술지는 "(일반적인) 문화가 (구체적인) 개인 안에 흐르며, 개인은 (언어나 기술, 사회적 상호작용 같은) 문화의 영향력 없이 살 수 없다"(Adams & Manning, 2015, p. 352)는 가정에서 시작한다. 이러한 전제는 autoethnography라는 용어에서도 드러난다. 애덤스, 홀먼 존스, 그리고 엘리스(Adams, Holman Jones, & Ellis, 2015)는 autoethnography를 편의상 auto, ethno, graphy의 셋으로 나눈 뒤, (1) auto(self)라는 측면에서 반드시 연구자의 개인적 경험이 포함되어야 하고, (2) ethno (culture)라는 측면에서 연구의 초점이 단순히 개인적인 것을 넘어 문화 속에 자리 잡은 자신의 경험으로 확장되어야 하며, (3) graphy (writing)라는 측면에서 자신과 타인들이 문화 속에서 겪는 복잡한 상호작용과 새로운 통찰을 글이나 공연, 또는 창의적인 수단을 활용해서 성찰적으로 녹여내야 한다고 설명한다.

이 세 요소 중 어느 측면이 부각되는가에 따라 연구의 형태나 느낌이 달라질 수 있다. 단, 어느 한 요소라도 부실하게 다뤄진다면 자문화기술지 연구로서 가치를 인정받기 어렵다. 세 요소를 고려하면서 자문화기술지 연구의 정의 몇 가지를 살펴보면 아래와 같다.

- 자신을 글 속에 위치시켜서 문화에 대해 기술하는 것(Pelias, 2019, p. 19)
- 자신을 사회적 맥락 안에 위치시키는 자기 내러티브 형식 (Reed-Danahay, 1997, p. 9)
- 문화라는 렌즈를 통해 본 자기 이야기(Adams, Holman Jones, Ellis, 2015, p. 1)
- 연구자의 자전적 경험을 주된 분석 자료로 사용해서 그러한 경험의 사회문화적 의미를 해석하는 질적 연구 방법(Chang, 2016, p. 444)
- 문화 속에 놓여있고, 문화의 영향을 받는 연구자의 개인적 경험을 드러내서 글쓰기나 퍼포먼스, 또는 다른 창의적 수단을 활용해서 표현하는 방법(Manning & Adams, 2015, p. 188)

정리하면, 자문화기술지는 개인의 경험과 그 속에 스며들어 있는 사회문화적 맥락을 동시에 이해하려는 시도다. 타인의 경험만을 신뢰할만한 자료로 인정하는 기존 연구와는 달리 사회적 존재인 연구자 자신의 경험을 깊이 성찰하고 새로운 각도로 바라보며 이론적 통찰을 제시하는 연구라고 볼 수 있다(Adams & Manning, 2015).

자문화기술지와 비슷한 용어들

자문화기술지라는 용어를 대표적으로 사용하고 있지만, 이러한 유형의 연구를 지칭하는 표현은 상당히 많다. 몇 개만 소개해 보면 '개인적 경험에 대한 내러티브(personal experience narratives)' (Denzin, 1989), '자기 관찰(auto-observation)' (Adler and Adler, 1994), '개인적 문화기술지(personal ethnography)' (Crawford, 1996), '자기 문화기술지(self-ethnography)' (Alvesson, 2003), '성찰적 문화기술지(reflective ethnography)' (Ellis and Bochner, 1996), '자전적 문화기술지(autobiographical ethnography)' (Reed-Danahay, 1997) 등 다양하다.

휴스와 페닝턴(Hughes & Pennington, 2017)은 자문화기술지 안에는 여러 연구 방법이 섞여있다면서 문화기술지이면서 자기 연구이고, 다양한 맥락에서 벌어지는 개인의 이야기에 초점을 두기 때문에 내러티브 탐구이기도 하면서, 과거의 행동이나 경험의 의미에 초점을 두기 때문에 해석학적 요소가 모두 담겨있다고 말한다.

그러므로 자신의 연구에 어떠한 명칭을 붙이는 것이 가장 적절한가를 알려면 연구의 초점이 어디에 있는지 신중히 고려하는 것이 도움이 된다. 스팍스(Sparks, 2020)의 제안처럼 만일 연구 과정에서 자신의 역할을 성찰하고 솔직히 드러내는 내용이 주가 된다면 자문화기술지라기보다는 고백적 성격의 글(van Maanen, 1988)이라고 언급하는 것이 나을 것이다. 연구 과정에서 벌어진 일들에 대한 성찰은 방법론적 측면과 관련이 있는데 이러한 연구를 모두 뭉뚱그려 자문화기술지에 넣는 것은 부적절하기 때문이다(Wall, 2016).

포춘과 메이어(Fortune & Mair, 2011)의 연구가 그러한 예다. 이 연구는 현장 관찰을 진행하면서 연구자들이 겪은 크고 작은 일화를 성찰한 내용이다. 처음으로 연구 조교를 대동하고 대규모 프로젝트를 하게 된 조교수, 그리고 현장 연구 경험이 전혀 없는 대학원생인 이들은 함께 컬링경기가 진행되는 마을의 클럽에서 참여관찰을 진행했다. 상대적으로 젊은 여성들인 이들이 클럽에 모인 다양한 사람들에게 어떻게 서로를 소개하고 각자 맡은 역할을 수행했는지, 이들이 살아오면서 경험했던 연장자와의 관계는 현장에서 마주친 연장자들과의 상호작용에 어떠한 영향을 미쳤는지, 참여자와 친해져보려고 공개했던 연구자 개인의 정보는 어떻게 역으로 참여자를 멀어지게 만들었는지 등에 대한 이야기가 담겨 있다. 저자들은 이 글이 연구자 자신들의 연구 과정에 초점을 두고 있으며 개인적 스타일로 쓰였기 때문에 자문화기술지 연구가 아닌 고백적 문화기술지(confessional ethnography)(van Maanen, 2004)로 언급하였다.

네 번째 일기

치근치근 자문화기술지

네 번째 일기

자문화기술지에서는 auto + ethno + graphy의 조화, 그리고 개인적 경험과 문화의 연결이 중요함을 알았다. 오랜만에 들깨와 통화를 하면서 그간 알아낸 이야기를 해줬다. 들깨는 여전히 이러한 종류의 연구에 대해 회의적이다.

자기 자신에 대한 연구는 생각보다 역사가 깊더라고.

그렇지만 난 여전히 '과학적'인 연구를 선호하고, 그것이 '제대로 된 지식'이라고 믿어. 아무래도 스스로를 객관적으로 보기란 힘들지 않을까?

들깨는 유독 '과학적' 그리고 '제대로 된 지식'이란 단어에서 힘을 줬다. 순간 내가 잠시 머뭇거린 건 사실이다. 자문화기술지연구란 '비과학적' 연구인 걸까? 과학적? 비과학적?

그런데 대체 과학적이란 건 무얼까? 화학, 물리, 생물 시간에 배운 것을 의미하는 건가? (하필 내가 제일 헤매던 과목만.. 7_<) 그러면 음악, 영어, 미술, 국어, 역사 시간에 배운 것은 무엇이었지? 질적 연구는 과학인가? 모든 것이 헷갈리기 시작하는 것 같다. 후우~

과학적이란?

과학 science

Science의 어원인 skei−는 "자르다, 분리하다, 찢다, 쪼개다" 등을 의미한다. 대상을 쪼개고 나눠서 들여다보면 그 구성요소를 알 수 있다는 과학적 사고를 반영한다. Science는 주로 물리학, 화학, 생물학 등 전형적인 자연과학과 관련되며 주로 다음과 같은 연구 활동을 통해 얻어진 지식이 과학에 해당한다(Gergen, 2020).

- 관찰과 실험 같은 경험주의적(empiricist) 방법을 사용한 정확한 측정
- 연구자의 개인적 선입견 제거
- 예측과 통제가 목적
- 결과를 명확한 수치로 제시
- 하나의 진실한 답을 추구

반면 슈완트(Swandt, 2015)의 설명대로 과학을 독일어인 wissenschaft(학문)라고 명명할 경우에는 과학의 의미가 달라진다. "엄격하고 상호주관적으로 합의된 타당한 과정을 거친 체계적이고 합리적인 탐구의 형태"라면 무엇이든 과학이라고 할 수 있다. 여기에는 "수학과 논리학뿐만 아니라 경험을 기술하고 그 의미를 해석하는 현상학과 해석학도 모두 포함"된다. 즉, 과학에는 "자연과학과 인간과학이 모두 포함"된다고 볼 수 있다(Swandt, 2015, 279−280).

과학을 모방한 초기 질적 연구

　　　　　　　　　　　　　　르네상스 이후 자연과학은 놀라운 속
도로 발전하며 새로운 지식을 쌓아왔다. 그 영향으로 20세기 초반 인간과
학은 자연과학의 연구 방법을 그대로 사용해서 사람들의 경험을 연구했
다. 북미 질적 연구 문헌들의 발전과정 중 핵심적인 순간들을 단계별로
정리한 덴진과 링컨(Denzin & Lincoln, 2003)의 설명을 참고하면, 질적 연
구는 오랜 기간 양적 연구처럼 엄격하게 진행되어 왔음을 알 수 있다.

　덴진과 링컨은 1900년대 초기(1900~1950년)를 전통적(traditional) 시기,
1950~1970년까지를 근대(modernist), 1970~1986년을 흐려진 경계
(blurred genres), 1986~1990년을 재현의 위기(crisis of representation),
1990~1995년을 포스트모던, 실험과 새로운 문화기술지 시기(postmodern),
1995~2000년을 후기 실험적 탐구(postexperimental inquiry). 2000~ 2010
년을 방법론적 각축(methodologically contested present), 그리고 2010년
이후 지금까지를 미래(future)로 구분해서 설명하였다. 전통적(traditional)
시기에는 질적 연구 역시 실증주의와 근본주의 패러다임에 입각해서 연
구자의 선입견을 제거하고 현장 경험을 객관적으로 전달하는 것에 치중
했다. 후기 실증주의 논쟁이 벌어지고 다양한 해석학적 질적 관점들이
등장한 근대(modernist)까지도 여전히 양적 연구처럼 질적 연구를 엄격하
게 하는 것이 중요했다. 1970~1986년에 해당하는 흐려진 경계(blurred
Genres) 시기가 되면서 전통적 접근들이 새로운 대안적 패러다임에 의해
도전을 받게 되고, 질적 연구가 널리 받아들여지게 되었다.

과학지식에 기여하는 수사학의 힘

　　　　　　　　　　　　　　과학자의 텍스트는 왜 진실처럼 느
껴질까? 사람들은 누군가가 정확하고 거짓 없이 세상을 설명할 때 이를

높이 평가하며 가치 있는 지식으로 여긴다. 그리고 이러한 지식이 과학적 태도에서 나온다고 생각한다. 이는 중립적이고 객관적인 연구자가 조작되지 않은 자료를 바탕으로 세상을 있는 그대로 이해하는 방식이다. 흔히들 엄격한 훈련을 받은 선택된 일부 엘리트 연구자들만이 과학적 연구를 할 수 있다고 믿는다(Wall, 2006).

엘리트 연구자들이 작성한 결과물은 전문용어가 난무하고 복잡한 수치와 공식, 그래프도 있기 때문에 일부 전문가 집단 내에서만 소통된다. 일반인은 어떠한 과정을 거쳐 그러한 결과가 나왔는지, 수치들이 무엇을 의미하는지 이해할 수 없지만, '그렇기 때문에!', 즉 알아듣기 힘들기 때문에 더더욱 과학자들의 연구를 권위 있다고 여긴다. 그래서 대학원생들은 자신도 이해하지 못하는 어려운 표현을 흉내 내가면서 논문을 써야 학자로 인정받는다고 믿는다(Becker, 2007).

이러한 심리는 어디에서 나오는 것일까? 거겐(Gergen, 2020)은 사회구성주의 관점에서 왜 과학자들의 언어가 연구 공동체 구성원뿐만 아니라 일반인에게까지 타당하게 믿어지는지를 다음의 예로 설명한다. 거겐이 심리학 분야 과학 저널에서 가져온 인용문은 다음과 같다.

> "각 대상은 16개의 조절 스위치가 부착된 큰 교환대 앞에 앉혀졌다."(Gergen, 2020, p. 66)

이 표현은 신뢰를 주기 위해 어떠한 수사적 기법을 활용하고 있을까? 먼저 연구자는 거리두기 기법을 사용해서 저 멀리 위에서 누군가가 상황을 내려다보듯 기술하고 있다. 이는 지금 벌어지는 일이 연구자의 머릿속에서 벌어지는 상상의 산물이 아니라 객관적인 외부의 사건임을 보여준다. 또한 정서나 감정을 배제한 언어를 사용해서 연구자가 편향되지 않음을 드러낸다. 고등교육을 받은 사람들이 선호하는 문법 규칙을 따름으로써 그들의 일원임을 보여주는 것도 신뢰를 얻는 글쓰기 방식의 하나다(Gergen, 2020).

만약 반대로 연구자의 감정이나 개인적 생각이 언급된다든지 교육 수준이 낮은 사람이라도 이해할만한 쉬운 단어로만 설명한다면 내용이 얼마나 진실한가와는 상관없이 그 글에 대한 신뢰가 떨어질지 모른다. 이처럼 수사학은 무언가를 권위 있는 지식으로 만들 수도 아닐 수도 있는 강력한 수단이다.

모더니즘에서 포스트모더니즘으로

재현(representation)의 위기

근대의 사상가들은 외부 세상의 본래 모습을 마치 거울에 비친 듯 재현하여 완전한 지식을 얻을 수 있기를 꿈꿨다(박영욱, 2009). 여기에는 실재를 동일하게 재현하는 것이 가능하다는, 그리고 그 과정에서 실재의 내용이 유실 없이 그대로 보존될 수 있다는 가정이 전제되어 있다(Swandt, 2015).

그런데 인간 과학에서는 이러한 가정이 그대로 적용되기 힘들다. 무엇이 문제일까? 보이는 대로, 경험한 대로, 적합한 단어를 써서 표현하면 되지 않을까? 그런데 과연 언어는 외부의 실재를 있는 그대로 재현해낼 수 있을까?

살다 보면 똑같은 상황을 두고도 관점에 따라 상황에 대한 인식이 계속 변하는 경우가 있다. 예를 들어 자신이 운동선수라고 해보자. 실력이 뛰어난 경쟁자가 등장한다면 불안과 스트레스가 높아질 것이다. 그러나 그 선수와 대결하기 위해서 나태했던 정신을 바로잡고 훈련에 매진하다 보니 새로운 기술도 익히게 되고 자신의 기량이 부쩍 향상되었다고 해보자. 경쟁자가 없었다면 뛰어난 성취도 없었을 터이니 상대는 오히려 나에게 도움을 준 사람일지 모른다. 거겐(Gergen, 2020)의 설명처럼 인간의 삶에서는 어떠한 상황이 내가 중시하는 가치에 방해가 될 경우 이것이 "문제"로 여겨지다가도, 생각이 바뀌면 문제가 아닌 "기회"로 재구성되는 경우가 흔하다(p. 9). 이처럼 관점에 따라 다르게 변화하는 현실을 언어로 박제화 하기란 어려운 과제다.

'차이'의 철학자로 유명한 질 들뢰즈(Gilles Deleuze) 역시 근대 사상가들의 '표상주의' 또는 '재현주의'를 비판하였다. 완전한 지식체계를 꿈꾸면서 머릿속에 개념과 체계를 미리 정해놓고 이것을 그대로 현실에 적용하려하기 때문이다(박영욱, 2009). 예를 들어 공원에 나가서 풀들을 하나씩 살펴보면 색상도, 잎 모양도 조금씩 차이가 난다. 그럼에도 불구하고 이들에게 '들풀'이라는 동일성을 부여하는 순간 온갖 풀들의 풍부함은 사라지고 개체의 경이로움은 억압된다.

해체주의의 대표 철학자인 자크 데리다(Jacques Derrid) 역시 '차이'에 관심을 가졌다. 그는 단어란 언제나 다른 단어와의 관련성으로 밖에 설명할 수 없으며, 그 단어가 지칭하는 실제 대상과는 늘 차이(difference)가 나기 때문에 그 단어의 의미를 알 수 있는 기회는 계속 미뤄진다고, 즉 지연(deferral)된다고 하였다(박영욱, 2009). 예를 들어, 가방이란 단어를 사전에서 찾아보면 "물건을 넣어 들거나 메고 다닐 수 있게 만든 용구"라고 나온다. 그렇다면 "물건", "넣다", "메다", "용구"라는 단어는 무엇을 의미하는 걸까? 예를 들어 "물건"을 사전에서 찾아보면 "일정한 형체를 갖춘 모든 물질적 대상"이라고 나온다. 그렇다면 "일정", "형체", "물질", "대상"이란 또 무엇을 의미하는가? 이처럼 단어들은 서로 의존해서만 정의될 뿐이며 가방에 대한 설명은 지금 내 앞에 놓인 "가방"과는 차이가 나고 그 의미는 계속 지연되며 결정이 불가능해지는 것이다(Gergen, 2020).

이처럼 어떠한 해석이나 설명도 사람들의 직접적인 체험을 온전하게 포착하기가 어렵다. 인간 과학에서 사회라는 실재를 적절히 기술할만한 수단이 불확실하다는 의미에서 조지 마커스(George Marcus)와 마이클 피셔(Michael Fischer)는 '재현의 위기(crisis of representation)'라는 표현을 고안해냈다(Marcus & Fischer, 1986). 여기에는 재현을 하고 있는 연구자가 결코 중립적이고 객관적으로 연구 밖에 있을 수 없다는 인식이 포함되어 있다. 정리하면, 80년대 중반 이후(1986~1990) 재현의 위기 단계로 넘어가면서 외부 세계의 정확한 포착의 어려움과 연구에 영향을 미치는 연구자의 주관성을 어떻게 글 속에 위치시킬 것인가에 대한 문제가 대두되었다.

패러다임과 외부의 영향력

연구자는 아무리 외부에서 객관적으로 관찰하고 싶어도 자신의 관점에서 자유롭기가 어렵다. 태어나면서 이미 세상의 일부분으로 속하게 되며 여기서 한 발짝도 벗어날 수 없기 때문이다. 여러 문화적 풍토에서 성장하고, 사람마다 독특한 경험을 하면서 세상에 대한 신념이 다르게 형성된다. 나아가 특정 분야의 연구 공동체에 속해 있기 때문에 그 공동체의 신념이 이미 연구자의 관점에 영향을 미친다.

대다수의 사람들이 과학이란 절대 진리를 향한 인간의 활동이라고 믿는다. 그러나 『과학 혁명의 구조』를 쓴 토머스 쿤(Thomas Kuhn)은 무엇이 올바른 지식인지는 과학자 공동체가 공유하는 패러다임에 의해 결정된다고 보았다. 심지어 서로 다른 패러다임끼리는 원활한 소통이 되지 않는 면이 있다면서 과학이란 예술이나 종교 같은 인간의 여타 활동과 유사하다고 주장했다(홍성욱, 2007).

이러한 시각은 이후 과학지식 역시 사회적으로 구성되며 연구의 객관성은 연구 공동체가 공유하는 가치를 반영한다는 사회구성주의에 영향을 미친다(Gergen, 2020). 지식을 만드는 과정, 가령 "과학 연구 논문이 쓰이는 과정, 실험 결과를 놓고 벌어지는 과학자 상호 간의 타협 과정, 실험 기구의 역할과 중요성, 실험 자료가 하나의 과학적 '사실'로 인정되는 과정 등"(이중원, 2007, p. 248-9)은 모두 특정 공동체의 패러다임, 즉 무엇이 진리인가에 대해 서로 공유하고 있는 신념과 밀접하게 관련된다.

여기에 더해서 학계에 영향을 미치는 정치적, 경제적 영향력도 무시할 수 없다. 누군가의 죽음에 대한 사인이 정치적인 이슈에 따라 다르게 규명되기도 하고, 비극의 역사가 막강한 경제적, 정치적 집단의 영향에 의해 왜곡되기도 한다. 그렇기에 포스트모더니즘과 후기 구조주의에서는 연구 텍스트의 권위에 질문을 던지고 사회과학에서의 객관성이란 주도적 집단의 관점을 대변하는 것이라고 비판한다(Noblit, 2018).

어떠한 연구를 진행하든 연구자는 특정 문화와 시간, 장소에 위치한 상태로 관찰하고 있으며 그것이 자료 수집과 결과 해석에 영향을 미칠 수밖에 없음을 인정하는 것이 중요하다. '자료(data)'라는 단어는 '자연적으로 주어진(given)'이라는 의미에서 나왔다고 하지만 실용주의자 존 듀이의 영향을 받은 브링크만(Brinkmann, 2014)의 표현대로 수집된 자료는 오히려 연구자에 의해 취해진(taken) 것이며 사회적으로 구성된 것이라고 볼 수 있다.

이와 같이 모더니즘에서 포스트모더니즘으로 넘어가면서 세상을 있는 그대로 재현한다는 것과 중립적이고 객관적인 연구자에 대한 인식에 변화가 일어났다. 질적 연구자들은 이후 연구에 미치는 자신들의 영향력을 성찰적으로 돌아보기 시작했다.

다섯 번째 일기

치근치근 자문화기술지

다섯 번째 일기

공부하다 보니 과학이든, 정치든, 교육이든 인간의 활동이며, 그렇기에 한계를 지닌다는 점을 다시금 깨닫는다. 한계를 인정하지 않으려 하면서 반대의견을 무시하는 집단의 권위는 분명 권력이 되고, 견제 받지 않는 권력은 필히 부패하고 자신들의 이익에만 봉사하게 된다지. 공부를 하다 보니 갑자기 사회에 대한 관심이 생겨나는 기분이다.

물론 과학자들은 백신을 개발하고 질병을 치료하며 인류의 삶을 편리하게 하는 등 엄청난 기여를 해왔다. 그뿐만 아니라, 지금도 어딘가에는 지구의 환경과 인류의 생존을 고민하며 지속 가능한 미래를 위해 밤을 새는 연구자들이 있다는 점도 잊으면 안 될 것이다.

문제는 과학지식은 오류가 없다든가, 다른 지식보다 우위에 있다든가, 언제 어디에나 적용할 수 있다든가, 유일한 합리적 지식이라는 잘못된 신념일 것이다.

이 모든 발전이 '인간이란 무엇인가?', '어떻게 모두가 공존하며 윤리적으로 살 것인가?'에 대한 고민과 함께해야 한다는 점이 중요해 보인다.

공부 계획

⇒ 그렇다면 질적 연구, 더 구체적으로 자문화기술지에서 추구하는 지식이란 어떤 것일까?

자문화기술지가 추구하는 지식

배제되었던 연구 주제들을 수면 위로

자문화기술지라는 새로운 방법론에서는 기존 연구자들이 언급을 꺼리고 금기시했던 불편한 주제들이 과감하게 다뤄진다. 연구자들은 자신들이 직간접적으로 경험한 가정 폭력, 부모의 학대, 질병, 장애, 상실, 나이 들어가는 육체, 동성애, 섭식 장애, 미혼모, 입양, 인종차별, 집단 따돌림, 교수사회나 조직 내부의 갈등과 같이 주위에 존재하지만 마치 아무렇지도 않은 척 침묵해오던 일들을 용기내서 드러내기 시작했다.

'왜 그런 시도를 하는가? 그럴 만한 가치가 있는가?'라고 묻는다면 '있다'고 말하겠다. 변화란 문제가 존재함을 인정하고 드러내는 것에서 시작하기 때문이다. 예를 들어 알코올 중독을 생각해보자. '나는 그저 애주가일 뿐이지 중독은 아니야.'라는 사람은 펼쳐진 술자리 앞에서 자제력을 발휘하기 어렵다. 이들에게 진정한 치료는 자신이 중독임을 인정하는 순간부터 시작된다. 마찬가지로 사회 변화란 쉬쉬하면서 마치 없는 척, 아닌 척 감춰온 문제의 존재를 인정하는 데서 시작된다고 볼 수 있다. 자문화기술지는 기존 연구의 중요한 간극을 채우고 있다 해도 과언이 아닐 것이다.

개인의 직접적 경험은 지식의 원천

물론 위에서 언급한 불편한 주제들을 기존 연구 방법으로 다루지 못하는 것은 아니다. 그러한 경험을 해본 참여자를 찾아서 설문이나 인터뷰를 해도 된다. 타인의 경험이 객관적인 연구 자료로써 더 적합하다고 여겨지기도 한다.

그런데 누군가의 과거 경험과 복합적인 속마음, 형언하기 힘든 감정을 다른 사람이 얼마나 완전히 이해할 수 있을까? 물론 때로 타인이 나보다도 나를 잘 알 때도 있긴 하다. 그렇지만 분명 직접 경험해 본 사람만이 접근할 수 있는 영역이 남아있다. 그 부분을 소위 전문가라는 사람들이 이러쿵저러쿵 평가한다면, 심지어 그 평가가 나의 경험과는 잘 맞지도 않는데도 마치 그것이 진리인 듯 당연시한다면 답답함이 클 것이다.

리차드(Richards, 2008)는 건강이나 질병, 장애에 대한 연구들이 아픈 사람을 "타자화"(p. 1717)시키는 문제가 오랜 기간 있어왔다고 말한다. 이미 아프다는 사실 하나로 사회에서 주변부로 밀려나는 데다가 여기에 더해서 연구 대상이 되고, 의학 전문가들의 관점으로 기술되면서 타자화가 심해진다고 본다.

오랜 기간 폭식증(먹고 스스로 토하기를 반복하는 증세)이라는 식이장애를 앓아온 틸만 힐리(Tillmann-Healy, 1996)의 연구에는 이러한 심정이 녹아있다.

> 폭식증에 대한 의학과 심리학 문헌들은 의사와 상담자의 목소리로 말한다. 먼저 그들은 내 '어린 시절의 문제'를 이야기한다.
>
> "잠깐, 나는 안정적이고 사랑이 충만한 집에서 자라났다고." 나는 말한다.
>
> 또 그들은 내 '심리적, 행동적 문제'를 언급한다.
>
> "하지만 나는 내 할 일은 다하는 잘 적응한 성인인걸." 나는 주장한다.
>
> 그들의 이야기가 폭식증이라는 나의 비밀스럽고 어두운 세계를 이해하는 데 도움이 되어주길 바란다. 하지만 그렇지 못하다. 그들의 말대로

라면 나는 폭식증일 하등의 이유(정말이지 그럴 권리)가 없다. 하지만
나는 폭식증을 앓고 있다. 그런 사람이 나만은 아니라는 걸 안다.
(Tillmann-Healy, 1996, p. 783)

건강 문제만이 아니다. 아이를 입양한 경험을 자문화기술지 방법으로
연구해서 박사학위 논문을 쓴 홀먼 존스(Holman Jones, 2005)는 입양 전
에 많은 책을 읽고 주변의 조언을 들었지만 직접 입양모가 되고서야 그
경험을 둘러싼 복잡한 내면을 이해할 수 있었다고 말한다(Adams, et al.,
2015). 이처럼 자문화기술지를 택한 연구자들은 자신의 경험을 독자와
공유하며 그간 단편적으로 여겨져 온 해당 경험의 의미에 새로운 관점
을 추가한다.

개인의 경험이나 일상 속 주제들이 학문 연구에 속할 수 있을지, 과
연 지식에 기여하는지 의아한 사람도 있을 수 있다. 하지만 실용주의
(pragmatism) 관점에서 보면 삶에 유용하지 않는 지식이란 가치가 없다.
실용주의의 대표 학자인 존 듀이(John Dewey)는 과학적 이해와 일상 속
문제 해결을 별도로 취급하지 않는다. 듀이는 모든 지식이 같은 방식으
로 만들어진다고 설명한다. 먼저 기존 방식으로 해결하기 어려운 상황
이 발생하고 그로 인해 자연스럽게 유지되던 안정성이 깨졌을 때 탐구
가 시작된다. 이를 설명할만한 잠정적인 가설을 만들고 확인과 수정을
거듭하면서 해결책을 찾으면 그것이 해당 시점에서 지식이 된다. 과학
은 단지 좀 더 집중적으로 진행되는 탐구의 형태일 뿐, 실용주의에서는
일상 지식과 비교해 과학지식에 우위를 두지 않는다. 지식은 삶에 얼마
만큼 도움이 되는 가로 그 가치를 평가할 수도, 언제든지 수정될 수도
있는 잠정적인 것이다(Dewey, 2011).

이처럼 일상생활은 오늘날 사회과학 분야 속으로 깊이 들어와 있다
(Brinkmann, 2012).

연구자의 감정(emotion)을 적극 활용한 이해

전통적 연구에서는 연구자의 성찰(reflexivity)을 크게 다루지 않는다. 연구자의 존재가 연구에 어떻게 영향을 미치는지에 관심이 없는 이유는 객관성과 중립성이 우선시되기 때문이다. 연구자 자신의 개인적 신념은 연구실 문 밖에 놓아두는 것이 당연하다고 여긴다(Gergen, 2020). 반면 자문화기술지는 연구자가 특정 주제에 관심을 갖는 이유, 그리고 자신이 처한 역사·사회·문화의 영향에서 결코 자유로울 수 없는 연구자의 존재를 인정하는 데서 시작한다.

특히 연구자의 감정이 중시된다. 그동안 많은 질적 연구에서 연구자의 적극적 성찰을 강조해 왔음에도 불구하고 연구자의 감정은 두드러진 관심을 받지 못했다. 연구하다 보면 감정을 별로 느끼지 못하는 걸까? 그렇지는 않아 보인다.

길모어와 케니(Gilmore & Kenny, 2015)의 성찰을 예로 살펴보자. 이들은 각자 다른 기관에서 문화기술지 연구를 했었다. 이후 서로 번갈아 인터뷰어와 인터뷰이가 되어서 자신들의 현장 연구 경험을 되돌아보았다. 인터뷰 내용은 전사하였고 함께 녹음 파일을 들으면서 감정 표현이 드러난 부분을 집중적으로 살펴봤다. 예를 들어 말이 반복되거나, 대화가 멈추거나, 표현하기를 어려워하거나, 목소리나 속도에 변화가 생긴 경우를 포착하면 잠시 녹음기를 멈추고 이와 관련된 추가 질문을 하면서 탐색을 하였다. 분석 결과 이들은 말로 표현하지는 않았지만 과거 문화기술지적 연구를 수행하면서 여러 감정을 경험했음을 알게 되었다. 가령 연구자와 비슷한 나이대와 교육수준을 지닌 참여자를 만났을 때에는 자신도 그들 중 한 명이라는 애착이 생겨났지만 결과를 글로 기술할 때에는 이 부분을 경시했다든지, 외부인의 입장에서 참여자들을 비판적 렌즈로 볼 때에는 불편감이나 죄의식 등 다양한 감정을 느꼈음을 알게 되었다.

이처럼 연구 현장에서 연구자는 어쩔 수 없이 다양한 감정을 느끼게 된다. 전통적 연구에서는 불편하게 여겼지만, 사실 감정은 세상을 이해하는 데 매우 중요한 역할을 한다. 뇌와 인간의 사고를 연구하는 학자들은 순수하게 이성적이기만 한 사고는 거의 없으며 뇌에서 정서를 담당하는 부분을 실수로 제거한다면 논리적 추론에서 계속 오류를 범한다고 주장한다. 물론 이성적 추론만도 가능하지만 이 경우 감정적 추론의 뇌를 건드리지 않은 채 마치 구구단을 외우듯 단기기억 센터만을 사용하는 것과 같다는 것이다(Pillay, 2012).

그럼에도 불구하고 그동안 많은 연구자들은 편견으로부터 자유롭기 위해 노력하면서 연구를 마쳤다고 주장해왔다. 연구 주제에 따라 그럴 수도 있겠지만, 인간 과학에서 연구자 자신은 전혀 동요되지 않으면서 참여자의 감정을 다루는 연구를 할 수 있는지는 조금 의아하다.

범죄학 분야 연구자 쥬욱스(Jewkes, 2011)는 연구자 내면의 심적 반응이나 문화, 자전적 경험을 경시하는 학계의 연구 방식을 문제시한다. 그녀는 범죄학 초보 연구자 시절의 경험을 예로 들며 그 이유를 설명한다. 수감자와 직접 만나기 전까지 연구자는 그저 개인적 관심이나 미디어에서 비춰진 범죄자의 이미지만을 떠올리기 쉽다. 그러나 실제 상황은 케이스별로 상당히 다르다고 그녀는 말한다. 그리고 현장 연구를 하다 보면 스트레스와 위험을 느끼며 상당히 소진되지만 때로는 솔직한 수감자나 일부 교도소 직원과의 유대가 생겨나는 긍정적 경험도 하게 된다고 한다. 그럼에도 연구자가 현장에서 경험했던 혼란과 복잡한 감정은 합리적이고 객관적이기 위해서 감정과 취약성을 배제하라는 학계의 요구에 따라 글쓰기 과정에서 잘려나간다. 쥬욱스는 수감자들을 관찰하고 인터뷰하며 겪는 불안과 감정들을 솔직하고 성찰적으로 접근할 때 이후 연구자들에게 좋은 가이드가 될 것이라고 다음과 같이 말한다.

"감정적인 부분을 고백하면서도 동시에 인식론과 이론적으로는 엄격하
게 연구를 진행한다면 보다 흥미롭고 정직한 지식이 나오지 않겠는가?
이 모든 역동은 분명 탐색할 가치가 있는 연구 활동이다."(Jewkes,
2011, p. 72)

독자와 소통하며 사회를 바꾸는 지식

앞서 과학적인 연구가 글의 신뢰감
과 권위를 높이기 위해서 어떠한 수사학적 기법을 사용하는지 이야기했
었다. 반면 자문화기술지 연구자인 엘리스와 애덤스(Ellis & Adams,
2014)는 여성주의 작가이자 사회운동가인 벨 훅스(bell hooks)의 말을
인용해서 "심하게 추상적이고, 전문용어가 쓰이고, 읽기 어렵고, 출처가
모호한"(p. 263) 글을 높이 사는 학계를 비판한다. 자문화기술지는 전문
가 집단만이 이해하는 난해한 수치나 전문용어로 독자에게 지식을 일방
적으로 전달하지 않는다. 어려운 글은 일반 독자에게 다가가지 못하기
때문이다.

일부 전문가만 읽고 지나가는 연구는 세상을 바꾸기 어렵다. 실제 삶
의 문제를 개선하려면 더 많은 사람들이 연구를 읽어서 변화의 기회가
늘어나야 한다. 단, 읽기는 읽었는데 감정적으로 와 닿지 않는다면 사람
들이 이타적 행동을 할 가능성도 적어진다. "저는 시각장애인입니다. 도
와주세요!" 보다는 "아름다운 날이군요. 하지만 저는 그것을 보지 못한
답니다!"라는 문구가 행인들을 멈춰 세우듯 말이다. 그래서 자문화기술
지 연구자는 시나 소설적 기법, 사진 등 다양한 재현 방식을 활용해서
독자와 공명할 수 있는 글을 쓰려 노력한다.

여섯 번째 일기

치근차근 자문화기술지

여섯 번째 일기

전통적 연구에서는 세상 어디에나 적용되는 일반화된, 변치 않는, 객관적인, 거대 담론적 지식을 추구해왔다. 그러나 포스트모더니즘 시대의 질적 연구가 추구하는 지식은 부분적인, 불완전함을 인정하는, 관계 속에서 구성되는, 끊임없이 변화하는 지식이며, 연구자의 권위를 내려놓고, 결과를 다양한 창의적 방식으로 재현하며, 독자와 소통하려는 시도에서 나온다는 것을 배웠다.

공부 계획
⇒ 자문화기술지 연구의 형식은?

자문화기술지의 여러 형태

자문화기술지의 다양한 접근법

　　　　　　　　　도서관 전자검색 사이트에서 'auto−ethnography'라는 키워드를 쳐서 검색되는 아티클을 찾아 훑어보면 자문화기술지 연구가 다른 방법론으로 쓰인 연구와 어떤 다른 특징을 갖는지 알 수 있다. 일부 글 속에서는 등장인물들이 대화를 나눈다. 연구자의 날것 그대로의 감정이 놀랄 만큼 솔직하게 드러나는 연구도 있다. 소설 형식처럼 쓰였거나 중간에 시나 사진이 포함되어 있기도 하다. 일반적인 학술 연구와 유사하게 문헌리뷰, 자료 수집과 분석 과정, 결과와 논의가 체계적으로 제시되는 연구도 상당히 많다. 연구자의 개인적 감정을 표현하기보다는 관심 주제에 대한 이론적 논의에 주력한 연구도 찾아볼 수 있다.

　이처럼 같은 자문화기술지라도 연구자의 의도에 따라 전통적인 연구처럼 분석적 방법으로 진행될 수도 있고, 심층묘사를 중시하거나 창의적인 방식으로 쓰이기도 하며, 또는 비판적 렌즈를 통해 문화를 바라보는 관점을 취하기도 한다(Manning & Adams, 2015). 아래에서는 자문화기술지의 형식을 환기적, 분석적, 그리고 비판적인 세 가지 방식으로 나눠서 살펴보려 한다. 물론 이러한 구분은 설명을 위한 것이기에 실제로는 하나의 연구 안에 여러 요소가 섞일 수 있다.

환기적 자문화기술지(evocative autoethnography)

　　　　　　　　　먼저 자문화기술지 연구가 학계에 많이 알려지는 데에 중심 역할을 해 온 엘리스와 보크너(Ellis & Bochner, 1996)의 evocative autoethnography에 대해 알아보자. 'Evocative'라는 단어는 어떠한 묘사나 이미지가 감정이나 기억을 연상시키는(불러일으키는) 것을 의미한다. 따라서 환기적 자문화기술지의 목적은 글을 읽고 나서 독자의 가슴에 무언가 잔상을 남기고, 내용을 되새김질하게 만들고, 적극적으로 생각을 하도록 만드는 것이다. 독자의 마음이 움직일 때 변화된 행동을 할 수 있고, 그래서 더 나은 사회를 만들 가능성이 생긴다고 믿기 때문이다.

환기적 자문화기술지는 고백적, 감정적, 치유적, 창의적, 비전형적인 특징을 가지며 이를 위해 자유로운 글쓰기 방식을 취하는 편이다. 글을 쓰는 과정에서 연구 질문과 결과가 자연스럽게 드러나도록 하는 경우가 많다. 미학적인 요소를 중시하기 때문에 문학적 글쓰기를 시도하면서 독자에게 연구 결과를 풍부하고 복합적이며 다양한 색조로 재현해서 현실을 새롭게 이해시키고, 또 다른 가능성을 제시하고, 사회적 행동을 촉진하고, 불평등에 대항하고자 한다(Gergen & Gergen, 2018).

환기적 자문화기술지는 다른 참여자의 경험을 추가해서 사례들을 비교하기보다는 보통 본인을 연구 주제로 한 일인칭 스타일의 글이 많다. 특히 심층묘사를 세세하게 하는 것이 특징이다(Manning & Adams, 2015). 삶의 이야기를 하는 데 초점이 맞춰지며, 등장인물이 대화를 나누고 드라마적 긴장이 이어진다(Adams & Manning, 2015). 이야기의 진실성이나 흡인력 있는 감정묘사를 통해 개인적이고 문화적인 경험을 부각시키고 독자와의 공감적 소통을 시도한다.

예를 들어 엘리스는 'Maternal connections'(Ellis, 1996)에서 병원에 입원한 나이 드신 어머니가 씻고 잠자리에 들도록 돕는 과정을 짧은 글 속에 담고 있다. 한때는 아름다웠지만 나이 들어가며 거동은 불편하고 피부는 늘어졌으며 여기저기 상처와 멍 자국이 남은 어머니의 몸이 딸의 시선에서 비춰진다. 비록 지금은 젊지만 어머니와 닮은 자신의 몸이 앞으로 몇십 년이 지나면 그렇게 변하겠지 싶은 복합적인 딸의 심정,

또는 모녀 사이에서 어려움을 겪으며 생겨나는 애틋한 친밀감 등은 비슷한 상황에 놓인 사람들에게 와닿을 것이다.

그렇다고 모두가 환기적 자문화기술지를 선호하는 것은 아니다. 이 정도로 직접적인 세부묘사가 필요한가 싶어 일부 독자는 불편감을 느낄 수도 있다(Wyatt, 2010). 또한 더 많은 이론과 문헌을 연결해서 분석을 진행하지 않은 채 독자의 해석을 유도하는 방식이 과연 학술적인 연구인가에 대한 비판적 관점도 존재한다(Anderson, 2006; Atkinson, 1997). 과학적이지 않으며 학계의 신용도와 명성을 훼손한다고 반감을 드러내는 학자도 있다고 한다(Gergen & Gergen, 2018).

물론 환기적 자문화기술지 연구자들은 서술적인 스토리텔링의 영향력을 강조하며 이러한 비판에 대응한다. 추상화와 이론적 설명 위주인 전통적인 연구가 전달하지 못하는 부분을 환기적 자문화기술지가 보완할 수 있다고 믿기 때문이다.

내 경험상 잘 진행된 환기적 자문화기술지는 강렬한 인상을 남기며 주제에 대한 나의 이해를 넓혀주었다. 폭식증에 대한 틸만 힐리(Tillmann-Healy, 1996)의 연구는 날씬함을 숭배하는 문화가 어떻게 아주 어린 소녀들에게까지 영향을 미치는지, 어떻게 서서히 강박적인 식이장애를 유발하는지를 생각해보게 했다. 또 다른 예로 스팍스(Sparkes, 1996)의 연구는 갑자기 진행된 척추 질병으로 인해 건강하던 이전의 몸을 잃어가는 절망스런 경험을 솔직하고 자세히 기술하였는데 다양한 기록 자료와 연구 문헌으로 분석을 뒷받침하였기 때문에 감정적으로 공감되면서도 상당히 학술적인 글로 다가왔다.

반면, 개인적인 이야기를 과도하게 노출하고 자극적으로 묘사한다든지, 분석을 충분히 하지 않은 채 개인적 이야기에 머무르는 연구들을 읽다 보면 때로 거부감이 든다. 이러한 문제를 피해서 미학적이고 진실하면서도 학문 연구로서 완성도 높은 자문화기술지를 쓰기 위한 방법은 연구의 질을 논의하는 뒷부분에서 다시 다룰 것이다.

분석적 자문화기술지(analytic autoethnography)

분석적 자문화기술지는 연구자 개인의 경험에 초점을 두기보다는 이를 둘러싸고 벌어지는 사회문화적 측면을 보다 현실적이고 정확하게, 학술적으로 기술하려는 입장을 취한다(Alvesson, 2003). 특히 "단지 자서전이나 회고록"(Hopkins, 2020, p. 13)에 머물지 않기 위해서 상당량의 선행 연구와 기존 지식을 분석에 적용하는 것이 중요하다.

앤더슨(Anderson, 2006)은 앞서 살펴본 환기적 자문화기술지의 부정적 측면을 강조하며 분석의 중요성을 강조하는 대표적인 연구자 중 한 명이다. 그는 묘사와 문학적 기법을 강조하는 환기적 자문화기술지로 인해 다른 형식의 자문화기술지 연구 가능성이 축소되었으며, 환기적 자문화기술지가 기존의 전통적인 사회과학 탐구와 융합이 되지 않는 측면이 있다고 주장한다. 그러면서 자신의 접근을 분석적 자문화기술지라 부르고 글 속에 반드시 들어가야 하는 몇 가지 핵심 요소를 아래와 같이 설명한다(Anderson, 2006).

- 연구자는 연구하고자 하는 사회의 완전한 구성원이어야 한다. 완전한 구성원에는 두 종류가 있는데 (1) 연구를 하기 전부터 이미 그 집단의 구성원이 되어 있는 경우가 그 첫 번째다. 예를 들어 반려견을 키우면서 견주의 삶을 살고 있고, 자신의 경험을 연구한다면 반려견을 키우는 사람들이라는 집단의 완전한 구성원인 셈이다. (2) 연구를 위해서 해당 집단 속에 들어갔는데 이들과 시간을 보내고 친숙해지면서 결국 그 집단의 완전한 구성원이 되는 경우다. 앤더슨이 제시하는 예로는 산악 구조팀들에

대한 문화기술지 연구를 하면서 점차 그 집단의 중심 구성원이 되고 결국 리더와 결혼을 하게 된 제니퍼 로이스(Lois, 2003)의 연구, 그리고 권투선수를 이해하기 위해 시카고 남부지역 흑인 동네의 권투장에 등록했는데 점차 열렬한 파이터로 변모한 로익 바캉(Loïc Wacquant, 2006)의 사회학적 연구가 있다.

- 자신과 맥락, 주변인들 간의 관계에 대한 분석적 성찰이 반드시 포함되어야 한다.
- 자신의 경험 이외에도 반드시 다른 구성원들과 대화를 하고 이들의 생각을 연구 자료에 포함함으로써 단순히 자신의 관점으로 일반화시키지 않는다.
- 자료를 이론적으로 분석함으로써 지식을 확장시키는 데 집중한다.

분석적 자문화기술지는 서론 – 문헌리뷰 – 방법론 – 결과 – 논의로 이어지는 전통적 학술 연구의 글쓰기 구조를 따른다. 체계적으로 자료를 수집하여 코딩을 한다든지 삼각검증 같은 타당도 전략을 활용하여 유의미한 지식을 만들어 가는 엄격한 연구 방법을 강조한다. 이러한 입장에 동의하는 연구자들도 많다. 가령 장희원(Chang, 2008)은 자문화기술지에서 자료를 수집하고 분석하고 해석할 때 전통적 문화기술지 접근을 활용하는 것이 바람직하다고 제안한다.

그렇다면 환기적 자문화기술지와 분석적 자문화기술지 중 무엇을 선택해야 할까? 두 가지 방법의 적절한 조합은 가능할까? 월(Wall, 2016)은 이 두 가지 접근이 나름의 역할을 하고 있음을 인정하면서 중간 지점을 고민해 보자고 제안한다. 과도한 연구자의 자기 개방이나 분석의 부재는 연구자 스스로에게도, 학문 공동체에도 바람직하지 않기 때문이다.

비판적 자문화기술지(critical autoethnography)

비판적 자문화기술지 연구자들은 권력의 남용, 억압을 지속시키는 구조, 불평등 같은 사회의 부조리한 부분을 개인적 경험을 통해 드러내고 개선하고자 한다. 이를 위해 페미니스트나 퀴어, 비판적 인종이론, 후기 식민주의 이론 등이 연구자의 경험을 분석하는 렌즈로 활용되기도 한다.

처음부터 자신의 경험을 비판적 렌즈로 보게 된 것은 아닐지라도 분석을 하는 과정에서 지금까지 잘 알고 있다고 생각했던 자기 자신에 대해, 그리고 당연하다고 여겼던 사회나 문화적 가정에 대해 새롭게 볼 기회가 생기는 경우도 있다. 또한 우리는 모두 여러 개의 문화 집단이나 공동체에 참여하고 있기 때문에 맥락에 따라 자신이 권력을 행사하는 입장이 되기도, 또는 그 반대에 서기도 한다는 것을 새롭게 알게 되기도 한다. 이처럼 비판적 자문화기술지는 연구자에게 자신의 정체성과 사회 속에서의 역할을 다시 생각해 볼 기회를 제공한다(Hughes & Pennington, 2017).

특히 리드 다나헤이(Reed-Danahay, 2017)는 사회학자인 피에르 부르디외(Pierre Bourdieu)의 성찰성(reflexivity)을 바탕으로 한 비판적 자문화기술지 방법을 제시한다. 부르디외는 자서전이나 전기의 경우 단지 자기만족을 위한 것일 뿐, 사회 주도 집단의 영향력이나 불평등과 부조리를 이해하려면 개인적 이야기에 몰두해서는 안 된다고 보았다. 그 대신 불평등한 체계 안에서의 연구자의 위치를 고려하고 이를 통해 자신의 삶, 그리고 자신과 다른 경험을 한 사람들을 비판적이고 성찰적으로 보도록 하였다(Reed-Danahay, 2017).

이에 따라 리드 다나헤이(Reed-Danahay, 2017)가 강조하는 것은 학문적인 지식을 생산하는 연구자로서 현장에서 자신의 위치(positioning)

를 비판적으로 검토하는 일이다. 단, 연구자가 현장이나 참여자에 대해 어떠한 감정을 갖는지 드러내거나, 현장연구자로서 자신의 자격이나 신분에 대해 논의하는 것은 적절치 않다고 말한다. 이것은 연구자가 주관성에서 벗어나 더 객관적인 자세가 되어야 한다는 의미가 아니다. 오히려 주관과 객관이라는 잘못된 이분법에서 벗어나야 한다는 의미이며 이는 부르디외가 사회과학에서 개인과 구조를 나눠서 보는 것을 거부하고 서로 밀접하게 영향을 주고받음을 아는 것이 중요하다고 말한 것과 같다(Reed-Danahay, 2017).

정리하면

자문화기술지라고 이름 붙은 연구들 안에서도 다양한 유형이 존재한다. 탐구하는 주제에 대한 연구자의 입장을 독자에게 간단히 언급만 하는 연구도 있고, 연구자 자신의 경험이 주를 이루는 경우도 있다(Pelias, 2019). 어떠한 연구가 옳은가 하는 질문은 맞지 않는다. 대신 다양한 연구들을 읽어보면서 자신의 연구 주제에 맞는 접근을 찾아가는 시도가 적절해 보인다.

일곱 번째 일기

치근치근 자문화기술지

일곱 번째 일기

자문화기술지 연구에도 다양한 유형이 있음을 알게 되었다. 아직은 어떠한 유형이 나와 맞는지 잘 모르겠다. 더 공부하면 알게 되겠지.

들깨의 말을 들어보니, 과연 다른 연구자들은 나만큼 자문화기술지에 열정을 갖지 않을 수도 있겠다는 생각이 든다. 순간 지도 교수님도 그럴 것 같다는 두려운 생각이… >﹏<

공부 계획
⇒ 자문화기술지를 비판하는 입장도 있을까?
⇒ 있다면, 어떠한 부분을 문제시할까?

자문화기술지에 대한 비판적 입장

이야기 vs. 연구

　　　　　　　　　　　예전에 한 대학원생에게서 들은 얘기다. 주변에 독특한 이력을 가진 전문가가 있어서 그분의 경험을 바탕으로 내러티브 연구를 하고 학술지에 투고했단다. 얼마 뒤 두 심사위원으로부터 상반되는 피드백을 받았다고 한다. 한 명은 '흥미로운 이야기를 읽게 해줘서 좋았다'는 긍정적 반응인 반면 다른 심사자는 '이 글이 연구라는 생각이 전혀 들지 않는다'며 최저 점수를 부여했다는 것이다.

　그 말을 듣고 문득 대학원 수업 시간에 한 교수님이 해준 이야기가 떠올랐다. 그 교수님은 교육학을 전공했으며 2~3학기마다 한 번씩 내러티브 연구방법론을 강의하는 질적 연구자이다. 그분이 한 번은 학술지에 투고를 했는데 한 심사위원에게서 온 리뷰는 이러했다.

> "당신은 내러티브 연구 방법을 잘 모르고 있는 것 같다. 전문가에게 물어보라."

기가 막히고 말이 안 나왔다고 한다. 약이 올라 일일이 반박을 해가며 여러 번 재심사를 오간 끝에 결국 게재는 했지만 수년이 지난 뒤였단다.

　그날 나는 질적 연구가 두려워졌다. 독자의 관점에 따라 극단의 평가를 받을 수도 있다는 것이 놀라웠고 그런 일을 일상다반사로 겪으면서도 끝없이 논문을 쓰고 평가받으며 사는 것에 회의를 느꼈던 것 같다. 멘토로 여기는 교수님께 그 이야기를 했더니 이렇게 말씀하셨다.

"내 논문을 안 좋게 평가한 바로 그 사람을 납득시킬 만큼 논문을 수
정한다면 좋은 글이 되는 거야. 그러면서 자기 실력도 늘고 학문이 발
전하는 것이지."

현명한 말씀에 고개가 끄덕여졌다.

평가자의 관점이 엇갈리는 경우는 질적 연구가 양적 연구에 비해 심
할 것이다. 질적 연구 안에서도 창의적인 시도를 했는데 그 과정에서
분석이 어떻게 진행되었는지가 잘 드러나지 않을 경우에는 이것이 학술
연구인가 문학인가와 같이 평가가 애매한 상황에 놓일 수 있다. 연구자
가 직접 참여자가 되고 자신의 경험과 기억을 이야기하는 자문화기술지
역시 독자에 따라 상반되는 반응이 나올 수 있다.

아래에서는 자문화기술지에 대한 일부 학자들의 거부감이나 우려를
살펴보겠다. 이는 자문화기술지가 문제여서가 아니고 주변의 부정적인
견해를 미리 알아봄으로써 여기에 대응할 수 있는 엄격하고 수준 높은
자문화기술지를 쓰기 위해서임을 미리 말해둔다.

'나'라는 정체성에 대한 회의적 관점

자문화기술지를 하는 연구자는 자
신의 경험이 어떠한 의미를 갖는지 성찰하고 분석한다. 그러나 후기 구
조주의 이론가들은 연구자가 본인 경험의 의미를 알 수 있다고 믿는 전
제 자체를 문제시한다. 후기 구조주의에서 경험이란 끊임없이 재해석되
기 때문에 아무리 다각도로 살펴본다 하더라도 결코 완전히 이해되거나
온전히 그 의미를 표현해낼 수 있는 대상이 아니다(Jackson & Mazzei,
2015).

또한 사회구성주의 관점에서 보면 '나'는 계속해서 형성되어가는 존
재다. 사람들과의 문화적인 관계 안에서 매번 다르게 구성되고 이해될

뿐이다. ‘나’라는 일관되고 통일된 주체가 존재한다기보다 관계 속에서 끊임없이 형성되어가는 ‘관계적 자아’(Gergen, 2020)만이 존재한다.

그렇다면 자문화기술지 연구자는 이러한 우려에 대해 어떻게 대처하는 것이 좋을까? 무엇보다도 ‘나’라는 정체성과 경험의 의미를 무언가로 규정하고 단정 짓지 않도록 주의해야 한다. 잭슨과 마째이(Jackson & Mazzei, 2015)는 진실을 말하려는 시도 안에서 구성되어가는 개인, 여기에 개입하는 다양한 권력과 담론의 영향력, 이미 해석이 개입될 수밖에 없는 연구자의 기억, 연구에 포함시킨 내용과 연구에 넣지 않은 채 남겨진 부분 사이의 긴장, 경험에 대한 온전한 이해의 한계 등에 대해 솔직하게 수용할 것을 촉구한다.

강력히 거부하는 입장

일부 연구자는 자문화기술지 자체에 대한 거부감을 노골적으로 드러낸다. 델라몬트(Delamont, 2007)의 아티클은 그 하나의 예다. 그녀는 자문화기술지가 근본적으로 태만하다면서 여섯 가지 이유를 대며 비판한다. 옮겨보면 (1) 사회를 연구해야 할 사회과학자들이 자기 내면이나 들여다보며 자료를 수집하는 것이 문제이고, (2) 이들이 지금 할 일은 해당 전공을 더 발전시키는 것이며, (3) 자문화기술지는 심각한 윤리적 문제를 야기하고, (4) 사회과학자들의 육체나 가족, 집안사는 흥미롭지도 않고 연구할 가치도 없으며, (5) 정작 그들이 관심 가져야 할 힘없는 사람들이 아닌 힘 있는 사람들에 잘못 초점을 두고 있고, (6) 일상적인 것을 낯설게 볼 수 없다고 주장한다.

그 외에도 자문화기술지가 연구자 개인의 경험을 다루기 때문에 자아도취적이라는 비판도 여러 연구자들에 의해 종종 제기된다. 자문화기술지 연구자들은 이러한 비판에 대해 어떻게 반박할까?

돌로리어트와 샘브룩(Doloriert & Sambrook, 2012)은 자료를 현장에서 직접 수집하지 않기 때문에 자문화기술지가 태만한 연구라는 주장은 불공정하다고 말한다. 기존의 연구들을 종합하는 2차 연구나 메타 연구도 마찬가지로 자료를 직접 수집하지 않기 때문이다. 나아가 이들은 델라몬트의 근본주의적 비판이 오히려 자문화기술지에 대한 흥미로운 논의를 불러일으켰다고 강조한다. 델라몬트(Delamont, 2007)는 엘리스와 보크너의 1996년 책『Composing Ethnography』이후 자문화기술지 연구가 폭발적으로 증가하는 추세이고 Qualitative Inquiry나 Qualitative Studies in Education 같은 저널에서 정기적으로 자문화기술지를 싣는 관행이 치명적이라고 주장했지만 그 말은 역으로 사람들에게 '그래? 관심이 계속 높아지고 있다고? 수준 높은 저널에서도 계속 자문화기술지 연구를 싣고 있다고?' 하는 생각을 불러일으킨다.

홉킨스(Hopkins, 2020)는 자문화기술지가 흥미롭지도 않고 연구할 가치도 없는 사회과학자에 초점을 두었다고 비판하는 부분에 대해서 "델라몬트 본인의 경험은 아마 그럴지 몰라도 많은 다른 학자들의 경우는 다르다"(p. 11)며 재치 있게 반박한다.

엘리스와 애덤스(Ellis & Adams, 2014)는 자아도취적이라는 비난에 대해 정작 연구자 자신은 객관적으로 연구 밖에 존재한다고 믿으며 스스로를 돌아볼 필요성조차 못 느끼는 기존 연구가 오히려 자아도취적이지 않겠는가라고 반문한다. 엘리스와 애덤스가 개탄스럽게 말하듯 자문화기술지를 신랄하게 비판하는 연구자는 애초에 아무리 잘 쓴 연구라도 인정하려는 의향이 없다. "그들의 세상에 자문화기술지란 이미 존재하지 않기 때문이다. 존재하지 않는 것을 어떻게 비판하는가?"(Ellis & Adams, 2014, p. 269)

학문적인 연구가 아니라는 지적은 자문화기술지뿐만 아니라 질적 연구 자체에 대해 전통적 학자들이 꾸준히 제기하는 의심 중 하나라고 생각된다. 보크너(Bochner, 2000)는 무선 표집된 자료로 일반화하려는 연구에 적합한 신뢰도와 타당도를 잣대로 목적 표집된 자료와 사례의 독특성을 강조하는 질적 연구의 질을 평가하는 것은 맞지 않다고 강조한다.

물론 자문화기술지 연구라 하더라도 학술 연구인 만큼 수준 높은 연구가 되도록 엄격하고 철저하게 진행해야 한다. 이 부분은 뒤에서 연구의 질을 언급할 때 다시 다룰 예정이다.

여덟 번째 일기

치근치근 자문화기술지

여덟 번째 일기

자문화기술지에 대한 낯선 비판에도 불구하고 오히려 연구에 대한 관심이 증가해온 점이 흥미롭다. 그러고 보니, 이 같은 상황은 질적 연구에 대한 전통적 연구자들의 비판과도 닮아있다.

질적 연구의 오랜 역사와 학문적 필요성에도 불구하고 여전히 질적 연구를 거부하거나 인정하지 않으려는 연구자들이 주변에 있다. 그럼에도 질적 연구는 없어지기는커녕 점점 발전하고 있지 않은가?

자문화기술지 역시 그러할 것이다!

게다가 여러 연구자가 함께 자문화기술지를 하는 경우도 있고, 조직 연구에서도 자문화기술지에 대한 관심이 증가하고 있다고 하니 언젠가는 나도 꼭 해봐야겠다.

공부 계획

⇒ 여러 연구자가 함께하는 자문화기술지에 대해 알아보자.

⇒ 조직 자문화기술지에 대해 알아보자.

여럿이 같이 쓰는 자문화기술지

혼자서 vs. 함께

자문화기술지 연구는 아니었지만, 대학원 시절 동기들 여섯 명이서 공동으로 아티클을 써봤다. 박사과정을 시작한 시기는 서로 달랐지만 함께 대학원에 있는 동안 뭔가 의미 있는 작업을 남기면 어떨까 하는 생각은 늘 있었는데, 어느 날 모여서 잡담을 나누다가 우리가 모두 특정 교수의 수업을 특별하게 생각한다는 걸 깨닫게 된 것이다. "그 수업은 우리를 어떻게 바꾼 것일까?"라는 질문은 "한 번 질적 연구로 진행시켜보자."로 이어졌다(김지현 외, 2013).

당시에는 협업적인 자문화기술지에 대해서는 알지 못했기에 우리는 내러티브 연구 방식을 조금 수정해서 연구를 했다. 둘씩 서로 짝을 지어 인터뷰를 하면서 예전 경험을 떠올렸고 그 결과를 바탕으로 각자 자신의 경험을 글로 써 내려갔다. 그 과정에서 각자에게 인상적인 파편으로만 남아있던 기억들이 점점 구체화되었다. 돌이켜보니 우리의 작업이 바로 함께하는 자문화기술지에 가까웠다.

이 경험은 여러 의미에서 좋은 시도였다고 생각한다. 분석을 통해 우리 사이에 공통된 부분은 무엇인지, 어떤 면에서 서로 달랐는지 성찰해 볼 수 있었고, 각자 잘하는 역할을 책임지면서 혼자서는 못해냈을 연구 과정을 마무리했다. 물론 어려움도 있었다. 서로 듣는 과목도 다른데다가 수업 과제와 조교 일이 바빠서 시간을 맞추기가 힘들었다. 돌아가며 감기에 걸리거나 변수가 생기기도 했다. 대학원생들이 수차례 같이 만나 의논을 하고 공동 프로젝트를 진행하는 데서 오는 스트레스가 없었다고는 못하겠다. 하지만 지나고 보니 그 스트레스조차 연구의 한 부분이며 정말 하길 잘했다 싶다. 대학원 과정에서 가장 기억에 남는 부분이기도 하다.

협업적 자문화기술지(collaborative autoethnography)

자문화기술지는 보통 혼자 한다. 내 경험을 돌아보고, 스스로 분석한다. 하지만 협업적 자문화기술지는 여러 연구자가 함께 "자신들의 이야기로부터 서로 간의 공통점과 차이점을 발견하고, 이러한 이야기가 자신들이 속한 사회문화적 맥락에서 어떠한 의미를 갖는지"(Chang, Ngunjiri, & Hernandez, 2013, p. 17) 고민한다. 이러한 연구 방식을 다르게 부를 수도 있다. 예를 들어 토요사키 등(Toyosaki et al., 2009)은 스트링거(Stringer, 1997)의 공동체 기반 문화기술지(community-based ethnography)의 장점인 참여적 성격과 공동체 의식에 자문화기술지의 특징을 합쳐서 공동체 자문화기술지(communitiy autoethnography)를 시도하였다. 어떠한 명칭으로 불리든 연구 방법과 성격은 유사하다고 볼 수 있다.

여기서는 장희원 등(Chang et al., 2013)의 설명을 바탕으로 협업적 자문화기술지의 장점과 도전과제를 살펴보겠다. 장점으로는 여러 명의 목소리가 더해지기 때문에 혼자 생각하지 못했던 시너지가 생기고, 서로 도움을 주고받으며 각자의 경험을 깊이 탐색할 수 있다는 점을 들 수 있다. 공통의 관심사를 가진 연구자들이 자신의 경험을 솔직하게 드러내는 과정에서 유대감과 공동체 의식이 생겨나서 마치 어둠이 내린 캠핑장에서 모닥불에 둘러앉아 진솔하게 이야기를 나누듯 연구자들이 각자 가치 있는 기여를 할 수 있다.

도전과제로는 우선 서로 간에 솔직해야 하며 만일 신뢰와 선의로 끈끈하게 연결되지 못할 경우 갈등의 소지가 있다는 점이다(Chang et al., 2013). 그렇기에 연구를 시작한 이후에도 지속적으로 처음의 좋은 의도를 되새기며 서로의 생각을 확인할 필요가 있다. 수시로 생기는 개인사정을 서로 얼마나 유연하게 조율할 수 있는지도 관건이다. 나아가 팀이 함께 작업을 할 때에는 자신의 목소리가 강한 목소리에 밀려 드러나지 않는다고 느끼는 누군가가 있을 수 있다(Chang et al., 2013). 일부 팀원은 자신의 경험을 드러내서 공개하기가 껄끄럽거나, 이러한 내용이 외부로 드러나는 것이 불편할지도 모른다.

따라서 윤리적인 연구가 되기 위해 지속적으로 중간 점검이 필요하다. 매 단계마다 서로의 감정을 검토하고 프로젝트의 공동 목표를 확인하며, 서로가 어떠한 역할을 취하고 있는지를 명확히 하며, 모두가 동의하지 않는 내용은 비공개로 놓아둔다(Ellis, 2007).

협업적 자문화기술지 설계

함께 연구를 한다면 구체적으로 몇 명이 적절할까? 장희원 등(Chang et al., 2013)은 두 명 또는 그 이상이 함께 할 수 있으며, 보통 다섯 명이 넘어가는 경우는 드물다고 본다. 두 명이 진행할 경우 서로 대화를 주고받는 형식으로 글을 쓸 수도 있다. 예를 들어 김지영과 주형일(2014)의 협업적 자문화기술지 연구는 교수(주형일)와 대학원생(김지영)의 협업 결과를 대화 형식으로 재구성하였다. 학생이 이메일이나 논문 초고에 질문을 적어서 보내면 교수가 답변을 정리해서 원고를 작성하고, 여기에 학생이 다시 수정과 첨가를 하는 방식으로 연구를 진행했다고 한다. 이러한 과정을 여러 차례 거치며 완성된 글은 서로가 대화를 주고받듯 자연스럽게 연결된다.

만일 두 명 이상의 연구자가 개입될 경우 참여의 정도나 복잡성이 다양해진다. 동시에 모두가 협업을 할 수도 있고, 서로 다른 단계에만 참여할 수도 있다. 롤링 페이퍼를 돌리듯 누군가의 작업을 다음 사람이 이어받아 추가하는 방식도 가능하다. 예를 들어 테일러 등(Taylor, Sorly, & Karlsson, 2021)의 연구를 보면 먼저 한 명(Taylor)이 자신의 경험을 쓰고 이를 나머지 두 명에게 전달한다. 이어서 다른 팀원(Karlsson)이 여기에 피드백과 자신의 경험을 추가해서 이를 마지막 팀원(Sorly)에게로 보낸다. 마지막 팀원 역시 자신의 경험을 추가한 뒤에 이를 첫 번째 팀원(Taylor)에게 보내면 최종적으로 새로운 성찰을 추가하는 방식으로 진행하였다.

우리의 경우(김지현 외, 2013) 자유로운 선택에 따라 여섯 명의 팀원 중 네 명이 자료 수집에 집중했다. 서로 인터뷰와 글쓰기를 하면서 경험을 탐색한 뒤 이후 분석할 때에는 여섯 명이 모두 모여서 함께 논의하고 아이디어를 모았다. 나머지 팀원 둘 역시 프로젝트의 전 과정에 참여하였으며 서론과 문헌고찰, 결과의 해석과 논의를 담당하는 방식으로 기여하였다.

조직 자문화기술지

조직은 논리와 이성만이 존재하는 곳인가?

그렇지 않다. 결국 조직은 사람으로 구성되어 있고, 사람은 매 순간 변하는 감정 속에 산다. 그렇기에 언뜻 보면 이성만 존재할 것 같은 일터는, 실은 감정적인 사건들로 뒤얽혀있다(Fineman, 1993). 조직 내부의 문제(예를 들면, 성희롱, 따돌림, 육아, 질병..)는 비밀에 싸여 있고 외부에 잘 공개되지 않기 때문에 만약 드러난다면 더 큰 파장을 미치기도 한다(Boyle & Parry, 2007).

지금은 조직생활과는 거리가 먼 한량의 삶을 살고 있지만 나는 예전에 한 직장에서 10년이 조금 넘는 기간을 근무했다. 그 기간 동안 잠시 같이 근무하다 퇴사한 직원만 해도 상당수다. 이 중 몇 명은 예상치 못한 사고나 질병, 갑작스런 퇴사 통보로 떠나보냈다. 입사하고 채 1년이 되기도 전에 부서의 과장님이 하루아침에 해고당하는 것을 목격했다. 늘 그렇듯 웃는 얼굴로 출근한 과장님은 부장실에서 뭔가 심각한 언쟁을 하시더니 곧 짐을 싸셨고, 이후 우울증으로 치료를 받는다는 소식도 어디서 들었던 것 같다.

　그때마다 조직은 침묵했고, 일상은 변함없이 지속되었다. 그 속에서 동료들은 무표정과 직업적 웃음 뒤에 자신의 속마음을 감춘 채 해야 할 업무에 집중했다. 조직이 낙오자를 무심하게 떨궈내는 동안 남아있는 사람들이 느끼는 조직에 대한 회의는 짙어간다. 서서히 감정적 철회가 진행되며 조직은 밥벌이가 되어버린다. 직원들의 부정적 감정을 인식하지 못한다면 동기부여를 시키기 위한 인사팀의 노력도 밑 빠진 독에 부어 넣는 물처럼 그대로 빠져나간다는 걸 알게 되었다(Han, 2012).

　이처럼 외부에서는 잘 보이지 않는 조직 내부의 삶과 문화를 이해하는 데 도움이 되는 연구 방법이 바로 조직 자문화기술지다. "자문화기술지는 자기 성찰적이고 회고적인 특성이 있어서 개인과 조직의 관계를 이해하는데 효과적"이며(Boyle & Parry, 2007, p. 185) 연구자의 직접적인 경험을 통해 깊이 있는 이해를 제공하고 신뢰를 높여주기 때문에 조직 연구 방법으로 점점 많은 관심을 받고 있다(Alvesson, 2003). 조직 자문화기술지는 기관 안에서의 개인적 경험을 고백하는 수준에 머무르지 않는다. 여러 층위로 겹겹이 싸여진 조직 문화와 개인의 경험을 연결 짓는 것이 특징이다(Boyle & Parry, 2007).

아홉 번째 일기

치근치근 지문화기술지

아홉 번째 일기

　조직 자문화기술지를 공부하다 보니 대학원 오기 전 회사 다닐 때 생각이 새록새록 난다. 그때 좀 더 열심히 일할 걸… 한동안 책과 먼 채로 살았기 때문인지, 논문을 쓰려니 차라리 다시 출근이 하고 싶어질 정도다. 아무튼 자문화기술지의 주제는 다양한 것 같다.

공부 계획

⇒ 자문화기술지의 주제로는 어떤 것이 적절할까?

연구 주제 선정

질적 연구 주제는 구체적으로

자문화기술지뿐만 아니라 모든 연구는 주제를 무엇으로 할지 고민하면서 시작된다. 주제를 정할 때는 초점을 좁혀서 구체화시키는 것이 중요하다. 주제가 좁혀져야 구체적인 자료 수집과 진행 방향이 서기 때문이다. 처음에는 주제를 넓게 탐색하다가 무엇이 궁금한지 범위를 좁혀나가게 되는데 초보연구자의 경우 특히 이 단계에서 어려움을 겪는다. 이때 다양한 변수를 추가해 보면 도움이 된다.

예를 들어 "초보운전자는 어떠한 어려움을 경험하는가?"라는 주제는 상당히 광범위하다. 여기에 "초보운전자는 도로 주행 시 어떠한 어려움을 경험하는가?"와 같이 변수 하나를 추가해서 범위를 좁힐 수 있다. 한 발 더 나아가 "초보운전자는 도로 주행 시 교통 표지판을 읽는 과정에서 어떠한 어려움을 경험하는가?"라는 질문으로 수정해 보자. 이제야 연구자가 궁금한 것이 무엇인지, 어떤 참여자를 선정해서 무엇을 물어볼지가 명확해진다.

깊이 이해하고 싶은 개인적 경험이나 깨달음에서 시작하기

자이가르닉 효과(Zeigarnik effect)라는 것이 있다. 일명 미완성 효과라고도 하는데 무언가 마무리가 되지 못한 경험이 기억 속에 계속 남아있는 상황을 의미한다. 예전에 그 사람은 왜 그런 행동을 했는지, 해당 경험은 내 삶에 무엇을 의미하는지가 불확실하면 그 찜찜함은 계속 이어져서 출퇴근길에, 밥을 먹다가, TV를 보다가도 문득문득 머릿속에서 재방송된다. 당시 벌어졌던 여러 상황을 합리적으로 이어주는 납득할만한 설명이 만들어지지 않았기 때문이다.

그러다가 어느 날 '아하! 그렇겠구나' 싶은 순간이 온다. 고개가 끄덕여질 만큼 만족스러운 이야기로 정리할 수 있을 때 드디어 우리는 그 경험에서 벗어나 새로운 일에 집중할 수 있다. 심리적 외상을 치유하는 글쓰기의 힘을 강조한 제임스 페니베이커(Pennebaker, 2000)가 말했듯 "내러티브는 우리 삶의 모든 변화들을 묶어서 하나의 넓고 포괄적인 이야기로 만들어 주는 힘이 있다"(p. 12).

이처럼 자문화기술지의 주제는 종종 보다 깊이 이해하고 싶은 개인적 경험이나 자신을 멈추고 돌아보게 만드는 깨달음의 순간에서 찾아진다(Adams, Holman Jones, & Ellis, 2015). 나의 경우 자문화기술지에 대해 처음 알게 되었을 때 오랫동안 마음 한 구석에 남은 채 정리되지 못한 조직생활 경험, 아프게 떠났던 동료들이 자연스럽게 떠올랐다. 그렇기에 평범하고 일상적인 경험보다는 갑작스런 통찰이나 예상치 못한 삶의 전환이 일어난 경우, 질병이나 이별 등으로 개인적인 어려움을 겪은 일 등이 자문화기술지의 연구 주제로 자주 등장한다.

일상 속 작은 연구거리들

만일 여러분이 "내 삶은 드라마틱한 것과 거리가 먼데 그렇다면 나는 자문화기술지를 하기 힘든 걸까?"라는 생각이 든다면 반드시 그런 것은 아니다. 좋은 글이란 특별한 경험이 아닌 "별것 아닌 경험에서도 별것을 발견하는 '특별한 관찰력'에서"(최윤아, 2017) 나온다는 말이 여기에도 적용된다. 일상을 새로운 시각으로 제시하고 이론적 관점에서 자신의 경험을 분석한다면 누구나 자문화기술지 연구를 할 수 있다.

여기서 중요한 점은 밀스(Mills, 1959)가 강조한 '사회학적 상상력을 발휘해서 개인적인 것과 공공의 것을 연결시키기'다. 그런데 일상적으로 발생하는 눈에 보이는 개인적 문제들은 쉽게 인식할 수 있지만 그것이 공공의 문제와 어떠한 관련성이 있는지를 포착하기란 쉽지 않다. 이해를 돕기 위해 밀스는 다음과 같이 설명한다.

> "실업(unemployment) 문제를 살펴보자. 가령 인구 10만의 어떤 도시에서 한 사람만 실업자라면, 그것은 그 사람의 개인 문제이다. 그리고 그 문제를 해결하기 위해서는 우선 그의 성격과 기술, 그리고 그의 직접적인 여러 기회를 살펴보아야 한다. 그러나 가령 취업자가 5,000만인 나라에서 1,500만 명이 실업자라면 그것은 공공 문제이며, 어떤 특정 개인에게 주어진 기회의 범위 내에서 그 해결책을 찾을 수는 없다. 기회를 발견할 수 있는 사회구조 자체가 무너져버린 것이다...결혼에 대해서 생각해 보자. 결혼 안에서는 남녀의 개인적인 문제를 경험할 수 있지만, 결혼 이후 첫 4년간의 이혼율이 1,000쌍당 250쌍에 이른다고 하면 이는 결혼, 가족 및 이와 관련된 여러 제도들에 구조적인 문제가 있음을 의미한다."(Mills, 1959, 2000, p. 22-23)

　자문화기술지 연구를 하고자 한다면 호기심을 가지고 나의 경험에서 공공의 이슈를 찾아내는 눈이 필요하다. 브링크만(Brinkmann, 2012) 같은 연구자는 아이를 유치원에 데려다주는 길에 교사와 나눈 대화나 미디어에 나온 한 유명인의 기자회견에서, 또는 흥미롭게 본 예능 프로그램이나 소설에서도 탐구거리를 찾는다. 그는 자신의 방법이 자문화기술지와 비슷하긴 하지만 개인적이거나 고백적인 것은 아니기 때문에 자문화기술지라는 이름 대신 일상생활 속 질적 탐구라고 이야기한다.

　샌더스(Sanders, 1993) 역시 자신과 세 마리 반려견의 경험을 바탕으로 반려견과 견주의 유대관계에 대한 연구를 하였다. 그는 반려동물과 인간의 깊은 감정적 유대가 각별한데도 불구하고 사회과학 분야에서 인간과 개 사이의 상호작용을 연구한 경우가 드물었음을 지적한다. 진정한 상호작용은 언어라는 상징물을 사용할 수 있어야만 가능하다는 전통적인 믿음 탓에 개는 단지 간단한 교류만이 가능한, 그저 집 지키는 목적의 대상으로만 치부되어왔다. 반면 반려견을 키우는 사람들은 자신의 개가 생각과 공감 능력을 갖추고 있으며 상호작용이 가능한 독특한 존재라고 여긴다.

샌더스는 견주들이 어떻게 자신의 개가 생각을 하고 행동한다고 여기게 됐는지, 이들의 주관적 경험은 어떠한지, 그리고 개와 인간의 관계에서 핵심이 되는 감정적 요소는 무엇인지를 살펴보기 위해 자문화기술지 방법을 활용했다. 이를 위해 4년이 넘는 기간 동안 뉴펀들랜드 개 3마리와 함께한 자신의 경험을 체계적으로 기록하여 자료로 사용하였고, 여기에 더해 대규모 동물병원에서 9개월에 걸쳐 견주와 반려견을 관찰하면서 필요시 견주와 인터뷰를 해서 연구를 진행하였다(Sanders, 1993).

경험을 써보기

다뤄보고 싶은 경험은 있지만 어떻게 연구로 진행할지, 연구 질문을 어떻게 구성할지 떠오르지 않는다면 일단 자신의 경험을 글로 써본다. 쓰고 마음에 들지 않으면 다시 쓴다. 무엇을 쓸지 검열하지 말고 느끼는 대로 솔직하고 자세하게 써본다. 쓰다보면 처음에는 모호했던 기억들이 자극을 받으며 꼬리를 물고 올라온다.

써놓은 글은 찬찬히 읽으면서 어떠한 이론적 관점에서 접근하면 좋을지 생각해 본다. 연구자에 따라 먼저 이론적 문헌을 읽고 이를 구체적인 사례에 적용하기 위해서 자신의 경험을 돌아보는 경우도 있다(Brinkmann, 2012). 예를 들어, 푸코의 권력 이론이나 들뢰즈의 생성과 차이, 프로이트의 외상과 방어기제, 또는 각종 인문학과 철학의 이론서를 읽고 나서 흥미를 느낀다면 이것을 실제 경험에 어떻게 대입해 볼지 고민해 보는 식으로다.

철학과 인문학은 세상을 읽게 해주는 도구다. 동일한 경험도 다양한 이론적 틀로 보면 다른 모습으로 비춰진다.

열 번째 일기

치근치근 지문화기술지

열 번째 일기

자문화기술지에서 이처럼 다양한 주제를 다룰 수 있다니 흥미롭다. 모처럼 들깨를 만나서 그동안 알게 된 내용들을 말해 주었다.

역시 들깨는 날카롭다. 후우∿∿ 잠시 들뜬 마음을 가라앉혀야겠다. 들깨 말이 맞다. 모름지기 연구란 설계부터 논리적으로 탄탄하게 해야겠지.

공부 계획

⇒ 자문화기술지 연구 설계에 대해 알아보자.

연구 설계하기

연구 주제를 연구 질문으로

자문화기술지 연구에는 다양한 형식이 있다. 어떠한 형식을 취하든 연구 주제를 질문으로 바꾸고 이에 따른 자료 수집과 분석 및 글쓰기 계획을 세워야 한다. 튼튼한 집을 지을 때 설계도가 필요하듯 체계적 연구가 되려면 먼저 연구의 큰 그림을 그려볼 필요가 있다.

전통적인 사회과학 연구의 서론−문헌리뷰−방법−결과−논의라는 형식을 따를 경우, 아래의 질문에 대해 답변을 채워 넣다 보면 어느 정도 방향을 잡을 수 있다.

- 어떠한 문제를 다루고 싶은가? 그것이 왜 중요한가?

  _____

- 관련 문헌을 읽어본 결과로 알아낸 내용은 무엇인가?

  _____

- 기존 연구에서 아직까지 다뤄지지 않은 부분은 무엇인가?

  _____

- 위의 내용들을 고려할 때 이 연구의 목적은 무엇인가?

  _____

- 이 목적을 달성하기 위해서 어떠한 연구 질문을 던질 수 있는가?

  _____

- 이 목적을 달성하기 위해 어떠한 자료가 필요한가? 그 이유는 무엇인가?

  _____

- 연구자 이외에 다른 참여자를 포함한다면 (또는 참여관찰을 한다면) 누구에게 어떠한 내용을 알아볼 것인가? 그 이유는 무엇인가?

  _____

- 자료는 어떻게 분석할 것인가?

  _____

- 어떠한 글쓰기 형식을 따를 것인가?

  _____

- 이 연구는 어떠한 기여를 할 수 있는가?

  _____

이론적 틀

선행 연구를 찾아 읽으면서 주제와 관련해 지금까지 밝혀진 내용들을 이해하는 일은 연구를 설계할 때 중요한 부분이다. 자신의 연구와 기존 연구의 연결지점을 찾을 수 있고 이미 비슷한 주제를 다룬 연구에서 사용된 이론을 검토함으로써 자신의 경험을 어떠한 관점에서 바라볼지 아이디어를 얻게 된다.

탄탄한 질적 연구는 이론적 틀이 명확히 드러난다. 슈완트(Schwandt, 1993, p. 7)가 말했듯 "이론이 없는 연구는 불가능하다". 연구자의 명시적 또는 암묵적 가정은 주제 선정에서부터 자료 수집과 분석 및 해석까지 연구의 모든 부분에 녹아 있을 수밖에 없다. 특히 연구 결과는 기존의 지식이나 이론과의 관련성 속에서 설명되어야 한다. 따라서 흔히 질적 연구를 '자료로부터 완전히 새로운 무언가를 발견하고 이것을 단순히 기술해 놓은 것'으로 오해하지만, 오히려 질적 연구는 기존의 이론을 수정하거나 발전시키고 나아가 새로운 이론적 모델을 제안하는 연구라고 할 수 있다.

특히 자문화기술지의 경우 휴스와 페닝턴(Hughes & Pennington, 2017)
의 말처럼 연구자의 자전적 이야기에 머물거나 자아도취식 자기 연구가
되지 않으려면 이론적 틀을 구체화하는 데 정성을 들여야 한다. 자신의
연구를 이론적인 관점에서 보고 기존 문헌과 관련해서 비교하고 대조하
면서 분석할 때 주관적인 개인의 경험은 연구자의 전공과 속해있는 기
관, 나아가 사회과학 분야라는 더 큰 맥락과 연결된다.

이론적 틀을 명확히 하기 위해 다음의 질문을 고려해 보자.

- 자신의 연구가 어떤 학문분야와 관련되는가?(학문분야별로 세상
  을 보는 나름의 단어나 개념, 이론이 있으며 이것은 연구자가
  자신의 경험을 보는 렌즈가 되어줄 수 있다)
- 주로 읽는 학술지는 무엇인가?(그 학술지에 자주 등장하는 개념,
  이론, 자신에게 영향을 미친 저자 등을 고려해 본다)
- 자신의 연구를 어떠한 학술지에 게재하고 싶은가?(자신의 연구
  가 해당 학술지의 지식에 기여한다고 보는 지점이 어디인지 구
  체적으로 생각해 본다)
- 혹시 반대되는 이론이나 설명이 있는가?(왜 자신의 경험을 기존
  연구와는 다르게 볼 수 있는지를 처한 맥락과 연결해서 설명할
  수 있다)

그 밖에도 연구의 설계 단계부터 고려해야 하는 부분에는 윤리적 연
구가 되기 위한 노력, 자료 수집 방법, 분석 전략, 연구자의 역할에 대
한 성찰, 자료 재현 방법, 타당도 전략 등이 있다. 각각의 내용은 이 책
의 다음 부분에서 하나씩 다룰 예정이다.

열한 번째 일기

차근차근 지문화기술지

열한 번째 일기

　자문화기술지 연구 설계는 일반적인 질적 연구의 설계와 크게 다르지는 않았다. 연구 주제, 이론적 틀, 자료 수집, 연구자의 주관성, 글쓰기, 연구 윤리 등은 질적 연구 수업 시간에 들어본 말이다.

　나는 들깨에게 인상적으로 읽었던 자문화기술지 연구에 대해 이야기해 주었다.

> 섭식장애로 고생해 온 자신의 경험을 생생하게 이야기하는데, 마치 남의 사생활을 들여다보듯 계속해서 읽게 되더라고. 날씬함을 숭배하는 문화 속에서 어떻게 신체에 대한 잘못된 이미지를 내면화하는지, 거기에서 벗어나기가 얼마나 힘든지도 알게 되었어.

> 하지만 그렇게 개인적인 비밀을 다 공개해도 괜찮을까? 사람들은 앞으로 그 연구자를 보면 섭식장애만 생각날 것 같은데?

　들깨의 말을 듣고 보니 자문화기술지 연구를 하면 연구자 자신뿐만 아니라 의도치 않게 주변 사람들의 사생활까지 노출될 수 있겠구나 싶었다. 그래서 관련 자료마다 윤리적인 부분을 상당히 강조했나 보다. 이 부분을 정확히 알고 가야겠다.

　공부 계획

⇒ 자문화기술지를 할 때 어떠한 윤리적 위험이 있을 수 있을까?

⇒ 이와 관련해서 연구 설계 시 고려할 점은?

연구 참여자에 대한 기본적 윤리

내 이야기 속 타인들

사진 찍기가 취미라는 한 지인이 핸드폰에 저장한 사진들을 보여주었다. 소복이 눈 덮인 산, 기묘한 모습으로 웅장하게 하늘을 뒤덮은 구름, 그 사이로 퍼져 나오는 햇살, 불빛이 반짝이는 도시의 밤..

> "아 멋있다! 그런데 인물보단 풍경 사진 위주네요?"하고 내가 묻자 그
> 분은. "그게 말이죠. 예전에 한번 거리 사진을 인터넷에 올렸는데 누가
> 메시지를 보냈더라고요. 사진에 찍힌 행인인데 초상권 침해니까 내려달
> 라고. 그다음부터 인물 사진은 가능하면 피하려고 해요."

그렇다. 이제는 함부로 누굴 찍거나 사진을 올리는 건 조심해야 한다. 이미지가 인터넷상에서 순식간에 다수에게 퍼질 수 있고, 아무나 허락 없이 다운로드해서 개인적으로 소장하는 걸 막기도 힘들다.

물론 자문화기술지는 사진과는 다르다. 그렇지만 내 글 속에 잠깐이라도 등장하는 타인의 사생활을 무신경하게 다루는 것은 똑같이 심각한 윤리적 문제를 야기한다. 내 글인데 내가 주인 아닌가? 싶겠지만 그게 아니다. 내 사진이어도 사진 속 낯선 이가 초상권 침해를 주장할 수 있듯이 내 글에 언급된 타인들이 권리를 주장할 수도 있다(Tolich, 2010).

타인들이 글 속에 등장하지 않도록 내 이야기만 조심해서 쓰면 될까? 그건 불가능하다. 우리의 일상이 이미 다른 사람들과 떼어낼 수 없이 연결되어 있기 때문이다(Brinkmann, 2012). 게다가 자신이 속한 문화를 이해하려는 자문화기술지 연구의 목적과도 맞지 않는다. 타인에 대한

명확한 윤리기준이 있다면 좋으련만 인간 참여자를 대상으로 한 연구에서 '이건 되고 이건 안 된다'와 같은 지침을 정하기란 어려운 일이다. 매 순간 상황에 맞는 판단만이 요구된다.

기관윤리위원회(IRB)의 승인과 참여자의 동의

연구자 본인의 경험 이외에 다른 참여자로부터 인터뷰나 관찰 자료를 수집할 예정이라면 고려할 것이 있다. 자신의 연구가 다음의 경우에 해당한다면 생명윤리법에 따라 사전 승인이 필요하다(자세한 승인 방법은 자신이 속한 기관에 확인을 해본다).

> 생명윤리 법 제2조 제1호 및 시행규칙 제2조에 따라 다음 어느 하나에 해당하는 연구를 수행한다면, 인간 대상 연구에 해당한다.
>
> 1) 사람을 대상으로 물리적으로 개입하는 연구: 연구대상자를 침습적 행위 등 물리적 개입을 통해 연구대상자에 직접 조작을 하거나, 연구대상자의 환경을 조작하여 얻은 자료(data)를 이용하는 연구
> 2) 의사소통, 대인접촉 등의 상호작용을 통하여 수행하는 연구: 연구대상자 대면을 통한 설문조사나, 행동관찰 등 의사소통이나 대인접촉 등의 상호작용을 통해 얻은 자료(data)를 이용하는 연구
> 3) 개인을 식별할 수 있는 정보를 이용하는 연구: 연구대상자를 직접 또는 간접적으로 식별할 수 있는 정보를 포함하고 있는 정보(information)를 이용하는 연구
>
> (출처: 기관생명윤리위원회 정보포털 https://irb.or.kr/UserMenu01/Summary.aspx)

IRB 승인 이외에도 참여자의 자발적 동의가 필요하다. 참여자가 궁금해할 내용들을 미리 충분히 설명하고 자발적으로 서명을 받은 뒤에 동의서를 한 장씩 나눠 갖는다. 이때 설명할 내용은 연구의 목적이 정

확히 무엇인지, 참여했을 때의 장점과 예상되는 어려움은 무엇인지, 개
인의 비밀유지는 어떻게 보장할 것인지 등이다. 당연히 동의서는 연구
전에 받아야지, 이미 글을 다 써놓은 다음에 '부탁인데 동의 좀 해주세
요.'하는 식은 곤란하다.

관계적 윤리

걸레민과 길램(Guillemin & Gillam,
2004)은 질적 연구의 윤리를 과정윤리(procedural ethics)와 실제 상황에
서의 윤리(ethics in practice)라는 두 가지 측면에서 설명한다. 과정윤리
는 인간 참여자를 연구에 포함할 때 연구자가 반드시 행해야 할 내용들
로 구성되어 있다. 예를 들면 타인에게 해가 돼서는 안 되며 만일 피할
수 없다면 최소화하는 조치를 취해야 한다는 것, 그리고 연구에서 개인
적 이야기가 드러나는 사람에게는 동의를 받아야 하는 것이 여기에 해
당한다.

반면 사전에 준비를 했다 하더라도 연구 현장에서는 예상치 못한 갖
가지 문제가 생길 수 있다. 예를 들어 고등학생들의 흡연을 연구하는데
갑자기 한 학생이 연구자에게 자신이 마약을 한 경험을 털어놓을 수도
있고(Creswell, 2017) 인터뷰 시 참여자가 불편한 감정을 느꼈다는 걸 나
중에야 알게 될 수도 있다(Seidman, 2009). 이럴 때마다 그 상황에서 가
장 적절한 윤리적 대처를 하는 것이 바로 실제 상황에서의 윤리다.

자문화기술지 연구자인 엘리스(Ellis, 2007)는 여기에 관계적 윤리
(relational ethics)를 하나 추가한다. 관계적 윤리는 연구자가 참여자, 그
리고 그들의 삶의 터전인 공동체를 존중하고 서로가 연결되어 있음을
느끼며, 진정성을 보이며 마음에서 우러나온 행동을 하고 그 행동의 결
과에 책임을 지려는 자세와 관련된다. 엘리스가 관계적 윤리를 강조하
게 된 계기가 흥미롭다. 연구 윤리에 무지하던 시절, 20대의 그녀는 문

화기술지로 석사와 박사 논문을 썼다. 그저 참여자들과 잘 어울리고 인간적 유대를 가지면서 그들의 공동체에 융화되면 잘 하는 것이라 믿은 채 연구를 진행하였다. 하지만 연구가 출판된 뒤 수년이 지난 이후 매우 곤란한 상황을 맞게 된다. 그녀를 친구라 여겨서 사람들이 솔직하게 말해 준 시시콜콜한 이야기가 연구에 실리다보니 의도치 않게 동네 주민들의 개인사가 공개된 것이다. 어설프게 가명으로 처리되긴 했으나 그 동네 사람이라면 해당 주인공이 누군지 짐작하기가 뭐 그리 어려울까. 나아가 자신들에 대한 적나라하고 비하하는 묘사에(동일한 표현에도 연구자와 참여자는 온도 차이가 있을 수 있기 때문에) 매우 부정적인 반응을 보였다고 한다. 그녀는 비난에 시달리고 그들과의 우정을 잃는 등 비싼 대가를 치르고서야 연구 윤리의 중요성을 배운 셈이다.

엘리스(Ellis, 2007)는 연구자가 참여자와 마치 친구인 듯 행동하고, 심지어 그렇게 믿는 것이 매우 위험하다고 경고한다. 친구관계란 서로 신뢰하고 마음을 열어주며 비밀을 지키고 상처를 주지 않을 무언의 책임을 동반한다. 그러나 연구자들은 보통 현장에서 벗어나고 나면 참여자가 아닌 독자와 학계에 대한 책임감을 더 중요시하는 경향이 있다고 그녀는 말한다. 주의를 기울이지 않으면 참여자들은 필요성이 다하면 버려지는 입장으로 전락하기 쉽다.

관계의 윤리를 우선시하는 연구자는 틈틈이 참여자의 의사를 재확인하고 이들의 감정을 살핀다. 일례로 엘리스(Adams et al., 2015)는 홀로코스트 생존자의 경험을 연구하면서 매 단계마다 참여자가 힘든 이야기를 하고자 하는지, 할 수 있는지 검토하며 연구를 진행하였다고 말한다. 특히나 민감한 주제를 다루는 연구일 때에는 문제가 발생하지 않도록 연구자로서 어떠한 조치를 할 수 있을지 늘 고심하고 참여자들과의 관계를 살필 필요가 있다.

가까운 지인들의 경험을 포함하는 자문화기술지의 경우

그들이 언젠가 내 글을 읽어도 괜찮은가?

자문화기술지는 개인적인 경험 속에서 주제를 찾는다. 그러다 보니 가족이나 가깝게 지내는 지인의 사생활이 연구에 드러날 위험이 있다. 평소 왕래가 드문 사람들까지도 언급될 수 있다. 매닝(Adams & Manning, 2015)의 경험이 이를 잘 보여준다.

> 자문화기술지로 가족 구성원 중 한 명의 알코올 중독을 이야기할 때, 나는 종종 아버지의 학대와 무책임한 행동, 어머니나 다른 가족들이 처했던 취약한 순간들, 벌어졌거나 또는 일어나지 않은 일에 대한 가족들의 논쟁, 그리고 먼 친척과 공동체 구성원들의 반응을 언급할 수밖에 없었다. 다시 말해 내 글에는 나뿐만 아니라 내 어머니, 형제자매, 친척 어른들, 우리 가족과 가깝게 지내는 친구들, 선생님, 동료들이 함께 들어있다(Adams & Manning, 2015, p. 361).

따라서 자문화기술지 연구자는 글 속에 스며들 수밖에 없는 지인들의 사생활에 대한 윤리적 경각심을 가져야 한다. 그러한 연구를 많이 해온 엘리스(Ellis, 2007)는 어떻게 말할까? 그녀는 어머니를 간병한 일, 남동생을 사고로 잃은 사건, 오랜 파트너가 병으로 세상을 떠나기까지 마지막 몇 년간의 기억 등 친밀한 대상과의 아픈 경험을 자문화기술지의 소재로 주로 다뤘다. 그런 그녀 역시 이들과 함께 공유한 경험을 연구로 다룰 때 불편하고 관계에 대한 두려움을 느꼈다고 고백한다. 가족이나 지인은 어느 정도 거리를 유지할 때가 더 편안하게 느껴진다.

게다가 가족이나 지인들은 다른 주제도 많은데 왜 구태여 내밀한 사생활을 글로 쓰는지 이해하기 힘들 수 있다. 같은 경험이라도 연구자의 기억과 그들의 기억이 다르게 남아있을 때도 많다. 나중에 글 속에서 언급된 사람들에게 읽어보라고 건네기가 어려울 것 같다면 과연 연구를 진행하는 것이 옳은지, 만일 진행한다면 어떠한 윤리적 조치를 취할지 고민해 볼 필요가 있다.

물론 혼자 동떨어져서 사는 사람이 아닌 이상 주변 인물들이 글 속에 포함되는 것을 완전히 피하기란 어렵다. 그렇다면 브링크만(Brinkmann, 2012)이 말한 대로 자신의 연구가 최대한 주변인의 삶에 도움이 되도록 하고, 참여자들과도 긍정적인 관계를 유지하도록 노력해야 한다.

만일 상대방과의 갈등상황을 다뤄야 하는 경우라면, 그리고 아무리 생각해도 내가 옳고 그 사람이 틀렸다고 생각된다면 펄라이어스(Pelias, 2019)의 제안을 따라보자. 우선 당시 상대방과의 사이에서 벌어진 일을 몇 페이지로 써본다. 그 글을 제 3자에게 보여주고 물어보자. 글 속에서 내가 상대방을 공정하게 대한 것 같은지 아닌지. 만일 상대방에게 좀 더 가혹한 것 같다는 평가를 들으면 윤리적인 책임을 고려해서 자신의 글을 수정하는 것이 바람직하다.

이미 세상을 떠난 이들에 대한 기억

때로는 자문화기술지의 등장인물이 이미 세상을 떠났을 수도 있다. 그들과의 추억을 기리며, 그 경험의 의미를 문화적인 맥락에서 다시 살펴보는 작업은 연구자에게 지나간 관계를 새롭게 돌아보는 기회를 제공해 준다. 단, 여기서도 관계의 윤리가 적용된다.

엘리스(Ellis, 2007)는 에이즈에 걸린 친구가 있었는데 그의 생전에는 사적 경험을 파헤치는 것이 비윤리적이라 여겨져서 동의서를 받지 못했다고 한다. 그가 사망한 뒤 그의 파트너의 허락하에 출판을 하였다(Ellis,

1995b). 반면, 9년간 함께 지낸 파트너가 오랜 투병 끝에 생을 마감하는 과정을 연구했을 때는(Ellis, 1995a) 그들의 경험을 글로 적는 것을 함께 의논할 수 있었고 파트너와의 마지막 1년 동안은 현장노트를 기록하였다.

연구의 참여자였던 상대들이 최종 연구 결과를 읽지는 못했기 때문에 그들이 어떠한 반응을 보였을지 알 수는 없다. 그렇기에 서로에게 최대한 신의를 유지한 채 "서로를 드러내는 것이 통찰과 치유를 가져오고 관계를 향상시킬 때"(Ellis, 2007, p. 15)로만 국한해서 연구를 진행하는 것이 중요해 보인다.

나 역시 오랜 기간 알고 지내던 동료의 죽음에 대해 연구하면서(Han, 2012) 그러한 생각이 늘 마음 한구석에 남아 있었던 것 같다. 그래서 나의 기억 속 상대방의 감정을 지레짐작하지 않으려고 했으며 남아있는 다른 동료들이 나의 글을 읽어도 불편하게 느껴지지 않도록 절제하려 노력했다. 내가 잘 아는 것은 그 당시 기억에 대한 현재의 해석일 뿐이기 때문이다.

나 스스로를 지키기

지금까지 참여자나 지인들과의 윤리적 관계에 대해 살펴보았다. 그런데 여기서 중요한 대상이 한 명 빠져있다. 바로 연구자 자신이다. 한번 글로 출판되면 해당 경험은 두고두고 연구자를 따라다닌다. 자신의 글에 대한 독자의 반응 역시 예상할 수 없다(Ellis, 2007). 부정적인 평가나 비판을 받을 수도 있으므로 어디까지가 과한 자기 공개인지 한계를 정하고 스스로를 보호하기 위해서라도 지나친 세부묘사는 피한다. 월(Wall, 2016)의 말대로 자신의 사적이고 상처받은 경험을 드러내서 독자들의 호기심을 충족해 줄 필요는 없다.

특별한 경우에는 필명의 사용도 고려할 수 있다. 예를 들어 Qualitative Health Research 저널의 편집자인 제니스 모스(Janice Morse, 2002)는 가정폭력 경험에 대한 자문화기술지를 투고한 연구자를 보호하기 위해 필명을 쓸 것을 제안했다고 한다. 상대방의 이름을 가명으로 바꾸는 조치만으로는 완전한 비밀 보장이 어렵기 때문이다. '이거 딱 봐도 내 얘기잖아?'하면서 그 사람이 연구자를 다시 찾아올지 누가 알겠는가. 연구자 스스로의 이름을 숨기는 것이 더 적극적인 대처일 것이다.

반대로 연구자는 솔직하게 자신의 경험을 공개하고 싶었으나 오히려 학계의 풍토가 아직까지 이를 받아들이기 힘들기 때문에 연구자에게 필명을 제안한 경우도 있었다. 먼시(Muncey, 1998)는 10대 미혼모였던 자신의 경험을 글로 써서 투고했다. 당시 해당 매체로부터 그녀의 글을 실어주는 대신 연구 방법을 사례 연구로, 그리고 연구자 신원도 비공개로 할 것을 제안받은 적이 있다고 말한다(Muncey & Robinson, 2007).

우리도 비슷할지 모른다. 박순용 등(2010)은 금기시되는 사회문제를, 그것도 연구자의 개인적 경험을 바탕으로 연구하는 방법이 우리의 전통적 민족 정서와도 맞지 않기 때문에 자문화기술지가 한국 학계에 자리잡기까지 어려움이 많을 수 있다고 우려 섞인 전망에 대해 말했다. 이러한 학계의 우려나 불편감을 덜어줄 방법은 탄탄한 분석과 엄격한 연구 과정, 윤리적 감수성에 달려있을 것이다.

과거와는 달리 다양한 채널을 통해 개인적인 경험을 쉽게 공개하는 시대가 되었다. 자문화기술지도 이러한 시대적 흐름과 함께 발전할 것이라 예상해 본다.

열두 번째 일기

차근차근 자문화기술지

열두 번째 일기

자문화기술지 연구자는 높은 윤리적 감수성이 필요하다는 생각이 들었다. 연구 윤리는 모든 연구와도 관련된 만큼 이 기회에 점검해 보길 잘했다.

자, 그럼 이제 본격적으로 자료 수집은 어떻게 하는지 알아봐야지. 연구자의 예전 경험을 기억해 내면 되는 걸까? 기억이 가물가물할 경우에는 어쩌지?

후∿∿ 내 기억에만 의존해야 한다면, 나는 이미 자문화기술지 포기자다. 아니, 그러면 남들은 맨날 맨날 일기 쓰면서 일상을 꼼꼼히 기록하고 있었단 말인가? 물론 나도 가끔 일기에 하소연이나 고민을 남기기도 하지만 그런 것을 자료라고 할 수 있을까?

공부 계획
⇒ 자문화기술지의 자료는 무엇일까?

자료란 무엇인가

질적 연구에서 자료의 의미

맥가이버 칼이라고 들어봤는가? 큰 칼, 작은 칼, 코르크 마개 따개, 캔 따개, 소형 드라이버(십자 겸용), 송곳, 열쇠고리, 이쑤시개, 가위, 손톱 줄, 자, 전선 절단기 같은 것이 열렸다 닫혔다 하는 스위스 군용 나이프를 말한다. 80년대 중반 방영되며 인기를 누렸던 외화 맥가이버의 주인공이 위기 상황마다 꺼내서 사용하던 도구라 일명 맥가이버 칼이라고도 불린다. 맥가이버는 범인들을 쫓다가 초반에는 늘 그들이 쳐 놓은 위기에 빠져서 시청자들의 애간장을 태우는데 다행히 그때마다 만능 칼을 활용해서 상황을 벗어나곤 했다.

질적 연구에서도 맥가이버 칼과 비슷한 의미를 가진 용어가 있다. 브리컬로어(bricoleur). 일반인에게 낯선 이 단어는 손에 닿는 대로 이것저것을 사용해서 무언가를 만들어 내는, 브리콜라주(bricolage)를 하는 사람을 의미한다. 주어진 상황에서 가능한 자료를 최대한 풍부하게 수집하고 활용하는 질적 연구자를 지칭하는 표현이다. 질적 연구의 특징 자체가 연구자에게 다재다능할 것을 요구한다. 덴진과 링컨(Denzin & Lincoln, 1994)은 질적 연구란 "다양한 실증 자료들(특정 사례, 개인적 경험, 자기 성찰, 생애 이야기, 인터뷰, 물건, 문화적 텍스트와 생산품, 관찰, 역사 자료, 상호작용, 시각자료)을 모아서 개인들의 일상적이고 문제적인 순간과 그 의미"(p. 3-4)를 연구해야 하기 때문에 연구자는 스스로 많은 일을 처리해야 하고 특정 문제를 해결하기 위해 다양한 분야의 문헌을 읽고 지식을 쌓아야 한다고 강조한다.

이처럼 '자료란 이것이다!'라고 미리 정해져 있지 않으므로 연구자는 연구 목적을 달성하기 위해 필요한 것들을 선택하고 분석에 활용하는 능력이 필요하다. 브링크만(Brinkmann, 2014)의 설명대로 주어진 것(the given)이라는 원래의 의미와는 달리 세상 어디에도 저절로 주어지는 자료(data)란 없으며 오히려 자료는 인간의 활동 속에서 선택적으로 취해지는(taken) 것이다. 연구자가 모은 자료들이 풍부할수록 연구는 흥미롭게 진행된다.

자문화기술지의 자료

보통 질적 연구에서는 현장에 나가 참여자를 만나면서 자료 수집이 시작된다. 반면 자문화기술지는 일상 속에서 뭔가 고개를 갸우뚱하게 만드는 일들이 연구의 계기가 되며 그 의미를 탐색하기 위해서 주변의 모든 것들을 자료로 활용한다. 사람들과의 전화 통화나 대화 내용, 기억자료, 자기와 타인에 대한 관찰과 인터뷰, 나아가 물건이나 사진도 모두 가능하다. 자료는 많을수록 좋다. 그래야 분석이 풍부해지고 경험을 다각도로 살펴보는 데에 도움이 되며 학술 연구로서의 가치도 올라간다.

대부분의 질적 연구가 그렇듯 자료의 수집과 분석, 그리고 해석의 단계는 명확히 구분되지 않으며 서로가 서로에게 영향을 미친다. 조각조각 흩어지고 변형도 일어난 기억들을 추려내고 그 틈새를 메울 자료는 새로 수집하면서 경험과 맥락을 구체화하는 작업은 연구 내내 지속된다.

열세 번째 일기

치근치근 자문화기술지

열세 번째 일기

아하! 이제 좀 이해가 된다. 자문화기술지를 할 때 전적으로 내 기억에만 의존해서는 안 되는구나. 학술 연구인만큼 다양한 자료를 근거로 결과를 써야겠지. 좋았어! 나는 열정이 넘치니까 가능한 자료는 다 모아보자!

공부 계획
⇒ 자문화기술지의 다양한 자료 수집 방법을 알아보자.

연구자의 경험 자료

기억자료

나는 직장 동료들과의 경험을 자문화기술지 형식으로 연구한 적이 있다(Han, 2012). 당시 내가 처음 했던 일은 바로 예전 기억을 글로 적는 일이었다. 여러 번 수정을 하면서 최대한 생생하게 글을 쓰려고 할수록 당시의 상황이 더 많이 기억났다. 이처럼 당시를 떠올리며 기록한 글은 자문화기술지에서 중요한 자료다. 기억자료를 만들 때는 일단 자유롭게 쓰되 세부적이고 자세하게 쓰는 것이 좋다. 과거의 일을 회상하고 재연하는 과정에서 연구자는 더욱 강렬한 정서적 반응을 경험하게 되며 분석에도 도움이 된다(박순용, 2010).

물론 다른 질적 연구에서도 연구자의 기억은 중요한 비중을 차지한다. 연구자의 머릿속에 남아있는 현장의 느낌과 분위기, 미처 다 적어놓지 못했던 기억들은 분석 과정에서 자료와 합치면서 시너지 효과를 낸다. 그래서 일명 헤드노트(headnote)라고 불리는 연구자의 기억자료의 가치는 상당하다(Wall, 2008).

기억은 자문화기술지에서 기본 자료가 되지만 여기에 대한 우려의 목소리도 고려할 필요가 있다. 주된 비판은 기억에 대한 불신이다(Chang, 2008). 심리학 전공자가 아니더라도 우리는 자신의 기억이 치우치거나 왜곡될 수 있다는 것을 안다. 진짜 벌어졌던 일인지, 주위에서 그렇다고들 말하는 걸 믿은 결과인지 모호할 때도 있다. 내가 아는 진실이 반쪽짜리이기도 하고, 때로 무의식중에 기분 나쁜 경험을 묻어버리거나 부풀리기도 한다.

그렇기에 연구자의 개인적 기억에 의존했다고 하면 독자들은 바로 불신의 태도로 응대한다. 스팍스(Sparkes, 2000)는 학부 때 자문화기술지 연구를 했는데 같이 수업을 듣는 학생들이 자신의 글을 연구로 받아들여주지 않았다. 스팍스는 "만일 내 의료기록이나, 일기, 신문기사 등을 수집해서 분석했다면 연구로 믿겠는가?"라고 물었고 학생들은 "그렇다"는 긍정적인 답을 했다고 한다.

또 다른 예로 먼시(Muncey, 2005)는 간호학 연구에서 10대의 임신과 미혼모의 경험이 다뤄지지 않았음을 발견했다. 당시 학계에서 금기시하던 주제였지만 지식의 간극을 채우겠다는 다소 순진한 생각으로 그녀는 10대에 임신한 미혼모로서의 자신의 경험을 발표했다고 한다. 이에 대한 사람들의 반응은 부정적이었다. "왜 하필 지금인가?", "왜 그 당시 말하지 않았는가?", "시간이 지나면서 이야기가 바뀔 가능성은 없었는가?", "이게 구체적인 사실인가?"(p. 70)와 같이 대부분 기억의 불완전성을 강조하며 연구 결과를 불신했다.

이러한 부정적 반응에는 기억의 문제 외에도 다른 이유가 있을 거라고 먼시는 말한다. 고등교육을 받고 경제력을 갖춘 그녀의 사례는 대다수 사람들이 10대 미혼모 하면 떠올리는 못 배우고, 가난하고, 보조금이나 축내고, 자식까지 대물림해서 미혼모를 만드는 악순환의 근원지라는 고정관념과 상당히 벗어나 있던 것이다. 따라서 그녀의 연구 결과를 받아들일 경우 사고의 전환이라는 불편감을 동반하기 때문에 오히려 전형적이지 않은 일탈적 사례로 치부하며 저평가하였다고 분석한다.

기억의 불완전성과 불신에도 불구하고 여전히 기억자료는 중요하며, 또 연구에서 가치를 갖는다. 왜일까? 비록 분열되고 쉽게 포착되지 않으며 변형되었을지라도 오랜 시간 지속된 기억은 연구자의 삶과 연구 과정에 강력한 영향력을 미친다는 먼시(Muncey, 2005)의 말에 나도 동감한다. 아마도 애초에 자문화기술지를 시작하게 만드는 강한 원동력이 바로 연구자의 기억이 아닐까? 잊고 싶어도 잊혀지지 않으면서, 자꾸만 말을 걸어오는 기억들은 "이제는 그 문제와 직면해 볼 시간이야"라고 이야기한다.

　사실 기억자료는 모든 연구에 활용된다. 설문지에 응답할 때도, 인터뷰에 답을 할 때도 참여자들은 과거를 떠올리고 기억을 말한다. 그러니 연구자의 기억은 못 믿을 자료이고, 참여자의 기억은 신뢰가 가는 자료라는 이분법적인 태도를 다시 고려해야 한다.

　단, 팔은 안으로 굽는다는 말처럼 연구자의 기억이 미화되거나 왜곡되지 않았는지 보충 자료로 검토할 필요는 있다. 부족한 틈새를 채워줄 사진이나 물건, 일기, 낙서, 자기 관찰, 문서 등을 최대한 많이 모아서 연구 자료로 활용한다.

　여전히 '나는 기억을 믿기 힘들다', '기억은 주관적으로 치우칠 수 있어서 인정하기 어렵다'는 연구자를 위해서 아래의 인터뷰 기사를 옮겨 보았다.

　세계적 구술사가인 이탈리아 알렉산드로 포르텔리 교수 인터뷰(한국일보, 2019. 6. 12.)

　알렉산드로 포르텔리(77) 이탈리아 로마 라 사피엔자대 교수는 세계적 구술사가다. 그는 노동자 계층의 말과 노래에서 터져 나오는 진실의 힘을 믿었다. 1940년대 이탈리아 공권력에 의한 노동자 사망 사건, 독일 나치군의 학살 등을 구술사 연구로 재조명해 커다란 반향을 일으켰다. 그는 '무슨 일이 있었는가'를 묻는 것으로 만족하지 않았다. '과거의 사건이 지금 어떻게 기억되고 있는가'를 해석하는 데 초점을 맞추는 내러티브 연구로 세계적 주목을 받았다. 한국구술사학회 창립 10주년을 맞아 중앙대에서 열린 국제학술대회에 참석 차 방한한 포르텔리 교수를 만났다.

- 구술사 연구에선 '사실 그 자체'보다 '해석'이 중요하다고 강조했다.
  무슨 의미인가.

"1930년 구술사 연구가 미국에서 처음 시작된 이후 구술은 역사 기록의 빈틈을 채워주는 보완재로 인식됐다. 구술하는 사람의 기억은 늘 역사 기록과 비교됐다. 기록된 사실과 부합하지 않으면 기억의 오류라고 단정하고 폐기해 버렸다. 기억을 없던 일로 만들어 버린 것이다. 그러나 이는 진실과 멀어지는 일이었다. 사람들이 왜 다르게 기억하는지를 알아내야 진실의 퍼즐을 맞춰 나갈 수 있다. 1910년 미국 앨라배마주 농장 노동자로 혹사당한 90세의 흑인여성을 1990년대에 인터뷰했는데, 그는 2시간 내내 한 마디도 하지 않았다. 80년의 세월이 흐르고도 백인에 대한 공포를 극복하지 못했기 때문이었다. 이처럼 기억은 사건 자체보다 더 많은 것을 말해준다."

- 실증주의 역사학자들은 기억은 불완전하다고 배척한다. 일본군 위안
  부 피해자 할머니들의 증언을 일본 정부가 폄하하는 논리다.

"기억은 대부분 사실과 근접하다. 그런데도 기억을 못 믿겠다고 하는 사람들은 연도나 지명 같은 사소한 오류를 문제 삼는다. 그들에게 묻고 싶다. 기억이 아닌 문헌이나 사료는 과연 100% 믿을 수 있는 것이냐고 말이다. 기록 역시 당대의 정치 상황과 개인의 자의적 해석이 곁들여진 결과물이다. 동유럽의 구술사 연구자들은 "부르주아 관점에서 작성된 과거 기록은 신뢰할 수 없다"며 인정하지 않기도 했다. 독일 나치 시대나 제국주의 식민지 시절 작성된 경찰 보고서는 누가 기록했는지조차 불분명하다. 반면 구술은 한 개인의 경험 그 자체다. 누가 말했는지 화자가 확실하다는 점에서 더 신뢰할 수 있다."

– 한국에선 5·18 민주화 운동을 비롯한 공인된 역사를 부정하는 목
  소리가 커지고 있다.

"이탈리아에서도 비슷한 일이 수십 년째 벌어지고 있다. 이탈리아의 현
체제는 무솔리니 파시스트 정권에 대항하면서 출범했다. '반파시스트'
는 건국 이념이고 공식 역사다. 그런데도 25년째 집권하고 있는 우익
정권은 반파시스트 운동을 이끈 좌파 성향의 저항군을 끊임없이 흠집
내는 등 역사 흔들기를 멈추지 않는다. 정치인들의 발언에 대중매체의
보도가 합세해 '저항 서사'의 신뢰성을 떨어트리고 있다. 잠깐 들여다
봐도 그들의 주장이 얼마나 말이 안 되는지 알 수 있지만. 비공식 서사
는 사회관계망서비스(SNS)를 타고 급속도로 퍼진다. 정공법으로 대응
하는 수밖에 없다. 역사 교육을 강화하는 동시에 공식 서사에 대해 지
속적으로 이야기해야 한다. 결국 기억은 장기전이기 때문이다."

– 과거를 경험한 사건의 당사자들은 세월과 함께 사라진다.

"당사자는 사라질지 모르지만 기억은 세대를 통해 계승된다. 남은 자들
이 할 일은 생존자들을 만나고 역사를 겪은 사람들을 찾아내 '기억에
대한 기억'을 발굴해 확장시켜 나가는 것이다. 예를 들어 이탈리아에선
나치 시절을 겪은 생존자들의 손자, 손녀를 인터뷰하는 작업이 활발하
게 이뤄지고 있다. 트라우마에서 헤어나오지 못하는 조부모들, 그들로
인해 힘들어한 부모들을 지켜 본 3세대에도 기억과 상처가 전해지기
때문이다. 무엇이 일어났는지에 대한 '사실'을 캐고자 하는 것이 아니
다. '왜 우리가 지금까지 그 사건을 묻고 있는지' '누가 그 기억을 인정
하려고 들지 않는지'에 대해 더 풍부하게 이야기하는 것이 중요하다."

– 과거는 과거일 뿐이니 털고 미래로 가자는 사람들도 있다.

"기억은 숨쉬는 것과 같다. 내가 숨을 쉴지 말지를 선택할 수 없는 것

처럼, 기억을 할지 말지도 선택할 수 없다. 아픈 기억을 잊으라는 말은 성립하지 않는다. 기억은 선별할 수 없다. 공기를 깨끗하게 만들면 숨을 조금 더 잘 쉴 수 있는 것처럼 기억을 더 잘 기억하는 방법도 있다. '현재를 충실하게 사는 것'이다. 50년 뒤에 2019년의 기억을 묻는다고 치자. 별 생각 없이 수동적으로 살았다면 기억할 게 없을 것이다. 반면 나와 가족, 사회 문제에 적극적으로 목소리를 내고 참여한다면, 훗날 당신의 기억은 훨씬 더욱 풍부하고 생생해질 것이다. 기억은 과거에 대한 지속적인 재해석이다. 오래도록 기억하거나 기억되고 싶다면 현재의 세계를 외면하지 말라."

자기 관찰과 성찰 자료

때로 자문화기술지 연구자는 탐구하는 주제와 관련해서 자신이 하고 있는 생각이나 행동을 관찰할 필요가 있다. 주변 사람들과는 어떠한 이야기를 나누는지, 무슨 행동을 하는지, 어떤 느낌이 드는지 등을 포착해서 기록으로 남긴다. 핸드폰에 녹음이나 녹화를 해 두는 것도 좋다. 언제 어디서 누구와 있을 때 벌어진 일인지 기록을 남겨둔다. 보다 체계적으로 관찰하려면 매일 또는 한 주에 한 번 등 시간을 정해 두고 관찰하거나 일정 기간 동안 몇 번이나 관련된 행동이나 상호작용이 발생했는지 체크할 수도 있다.

브링크만(Brinkmann, 2012)은 자기(self)에 대한 롬 하레(Rom Harré)의 세 가지 존재론적 입장을 바탕으로 스스로를 세 측면에서 체계적으로 관찰할 수 있다고 설명한다. 자기 1은 경험하는 나다. 특정 장소와 같은 사회적 환경에서의 정신적 심리적 상태를 스스로 관찰하고 보고하는 방법이다. 자기 성찰 또는 내성법(introspection)이라고도 하는데, 연구자가 어떠한 맥락에서, 특정 감정을, 어떠한 과정을 거치며 느끼는지에 대한 통찰을 얻는데 도움이 된다(Ellis, 1991). 때로 연구자는 타인들과 자유롭게 대화를 나누거나 또는 서로 간에 인터뷰를 하면서 각자의 감정을 들여다보도록 도와줄 수 있다. 엘리스(Ellis, 1991)는 이를 "상호적 내성법(interactive introspection)"(p. 30)이라고 하였는데, 참여자들의 경험과 감정에 대한 연구자 자신의 반응을 통해 자신의 스스로의 감정을 더 잘 이해하는 방법이다.

자기 2는 물질을 포함해서 나에 속하는 모든 속성들로 드러나는 나다. 상징적 상호작용(Symbolic Interactionism)에서 말하는 대상화된 자기와도 유사하다. "나는 누구인가?"라고 한다면 보통 나이대와 성별, 외모, 갖고 있는 것, 성격, 바라는 목표, 가족과 친구, 직장과 직위 같은 것이 머리에 떠오를 것이다. 이때의 나는 사회 속에서 타인과 함께 살아오며 습득하게 된 자기개념에 근거한 것이지, 내면의 본성에 충실한 자발적이고 충동적인 모습으로서의 나는 아니다. 따라서 우리는 자기 2를 통해 사회 속에서 자신을 타인에게 어떻게 이야기해왔고, 또 이러한 이야기가 다시 '나는 이러이러한 사람이다'라는 자기개념을 어떻게 강화시켰는지를 이해하게 된다.

자기 3은 상호작용하는 나다. 이때의 나는 늘 진행 중이다. 구체적인 특정 시간과 장소에서 타인과 대화를 주고받을 때 내가 스스로를 어떻게 인식해 가는가와 관련된다. 상대방의 말을 듣고 부끄러움을 느끼거나 으쓱해진다거나, 놀라움을 느끼거나 했을 경우를 포착하고 자신의 이러한 감정이 대화 속에서 어떻게 만들어지는지를 살펴볼 수 있다.

연구자는 이 세 가지 측면을 골고루 고려하는 것이 바람직하다. 이 모두가 자기에 대한 다른 측면을 비춰주기 때문이다. 자기 관찰 기회를 갖기 위해서 의도적으로 여러 사람과 대화하고 상호작용할 기회(예를 들면 포커스 집단)를 만들어 보는 시도도 해볼 수 있다(Chang, 2008).

기록 자료

자문화기술지 연구에서 각종 문서 같은 기록들은 연구자의 기억을 보완하는 중요한 자료다. 다각검증 (triangulation)을 통해 연구의 타당도를 높이는 데도 도움이 된다(Chang, 2013). 방대한 기록 자료가 모두 활용될 수 있는데, 몇 가지 예를 들면 다음과 같다.

- 일기, 이메일, 문자메시지, 메모, 통화 내용, 편지..
- 사진, 동영상, 웹사이트, 그림, 낙서..
- 예술작품, 상징적이거나 개인적으로 의미 있는 물건..
- 상장, 졸업장, 신분증, 자격증, 계약서, 증명서, 계획서..
- 조직도, 가계도..
- 신문기사, 광고, 게시판, 편지, 잡지..

타인의 경험 자료

인터뷰

자문화기술지라 해도 참여자를 구해서 이들의 관점을 연구에 포함할 수 있다. 그러면 연구자 혼자만이 아닌 다양한 사람들의 경험을 고려할 수 있기 때문에 결과에 자신감을 가질 수 있고 독자도 연구를 더 신뢰하게 된다. 그렇지 않을 경우 샤마즈(Charmaz, 2006)의 표현대로 자신의 경험에서 나온 이미지를 마치 현실에 실제 존재하는 듯 대상화할 우려가 있다.

타인의 경험을 연구에 포함하는 가장 일반적 방법은 인터뷰다. 연구자 자신과 비슷한 경험을 하였거나 또는 연구자의 상황을 목격한 사람

등이 인터뷰 대상으로 적절하다(Chang, 2016).

　자문화기술지의 인터뷰는 여러 방식으로 진행할 수 있다. 일반적으로 많이 활용되는 구조화나 반구조화된 질문을 사용해서 일대일로 면담을 할 수도 있고, 비구조화된 편안한 분위기에서 자유롭게 서로 이야기를 주고받는 방식으로도 진행된다(Adams et al., 2015). 비구조화된 상호작용만으로 부족하다면 이후에 구조화된 인터뷰를 추가해도 좋다.

　앞서 자기 관찰에서 설명한 엘리스(Ellis, 1991)의 상호적 내성법(interactive introspection)을 활용해서 비슷한 경험이 있는 소수의 사람들(2~4명 정도)과 정기적으로 만나서 경험을 논의하는 것도 가능하다. 그러면서 다른 사람들의 경험이 연구자의 경험과 어떻게 비슷하고 다른지를 비교해 본다.

타인 관찰

　　　　　　　　　　　　　일반적으로 참여관찰은 현장감을 살리고 예상치 못한 통찰을 발견하는 중요한 질적 자료 수집 방법이다. 관찰 시 연구자는 자신의 신분을 드러낼지 숨길지의 연장선에서 고민한다. 신분을 드러내고 관찰의 의도를 밝힌다면 사람들이 평소대로 자연스럽게 행동하지 않을 우려가 있다. 그렇다고 동의서도 받지 않고 몰래 숨어서 보는 방식은 윤리적 문제를 야기할 수 있다. 관찰에 따르는 긴장감을 미리 예상하고 현장에서 자신이 어떠한 입장을 취할지, 왜 그렇게 하였는지를 명확하게 하는 것이 중요하다. 몇 가지 고려할 사항은 다음과 같다.

- 참여자들(연구 현장)과 연구자는 어떤 관계인가?
- 이들에게 어떻게 동의를 받고 관찰을 시작할 것인가?
- 관찰자로서 어떤 역할을 할 것인가?

- 관찰은 얼마간 지속할 것인가?
- 관찰의 초점은 무엇인가?

관찰을 하면서 틈틈이 현장노트를 자세하게 묘사해서 작성해 두면 나중에 글을 쓸 때 그대로 옮길 수 있어서 편하다. 연구자의 생각이나 느낌도 함께 기록해서 당시의 상황과 이에 대한 연구자의 반응을 같이 파악해 놓아야 분석에 도움이 된다.

자료 관리

지금까지 자문화기술지 연구에서 활용되는 다양한 자료와 수집 방법을 알아보았다. 그 밖에도 참여자들과 함께 글쓰기를 하거나 포커스 집단 인터뷰를 하는 등 기존의 질적 연구 자료 수집 방법을 창의적으로 응용해도 좋다. 다양하게 구성해 놓은 자료는 그때그때 자신의 기준대로(예를 들어 사건이 일어난 시간순이나 내용 또는 주제나 대상별로) 정리해 놓도록 한다. 정리가 되어야 분석을 시작할 수 있고 부족한 자료가 있다면 추가적으로 수집할 기회가 생긴다.

열네 번째 일기

치근치근 자문화기술지

열네 번째 일기

자료 수집 방법에도 여러 가지가 있구나. 막상 배우고 나니 무엇을 먼저 할지 걱정이 앞선다.

들깨는 조언을 참 잘 하는 것 같다. 본인 연구가 아니라서 냉철하게 볼 수 있는 건가?

공부 계획
⇒ 자료 수집에 대한 아이디어를 얻기 위해 아티클을 읽어보자.

예시 연구 1

제목

Berry, T. R. (2005). Black on black education: Personally engaged pedagogy for/by African American pre−service teachers. *The Urban Review, 37*(1), 31−48.

배경 설명

이 연구의 저자는 미국 북부에서 자라고 교육 받은 흑인 여성으로 예비교사들을 양성하는 일을 하고 있다. 교육자로서 볼 때 미국 공립학교 교사들이 점점 백인과 여성으로 채워지고 이에 따라 흑인교사가 줄어드는 현상이 우려스럽다. 게다가 교육 현장에 투입된 흑인교사들은 저평가되고 냉담한 현실을 맞닥뜨려야 한다. 대학에서 제공하는 교사교육 커리큘럼과 현실이 충돌하다 보니 예비교사들의 교육에 대한 신뢰도 역시 떨어지게 된다. 이 상황에서 학생들에게 좋은 삶의 경험을 제공하고 이들이 전문성을 키우도록 돕는 것은 상당 부분 교사교육자들의 책임일 수 있다.

연구자는 교사교육 프로그램에 참여 중인 남부 흑인 예비교사들을 가르치면서 이들에게 더 나은 경험을 제공하고자 노력하였고 이를 연구와 연결시켰다. 이 연구는 비판적 자문화기술지 관점을 취하고 있다. 비판적 자문화기술지는 권력 문제가 일상에 어떻게 스며들어 있는지에 관심을 가지며 불균형한 권력 관계를 평등하게 만들어서 더 나은 사회로 바꿔가는 데에 관심을 갖는다. 특히 연구자 자신의 배경과 입장을 성찰하고 예전에는 미처 인식하지 못했던 문제들로 시야를 넓히며 불평등한 현실을 이해하고자 한다. 그녀는 이론적 틀로써 벨 훅스(bell hooks)의 비판적 교육이론을 사용해서 자신의 경험을 탐색하였다.

결과적으로, 저자는 학생들의 개인적 이야기를 들어주고 그들이 자유롭게 생각을 펼칠 기회를 주고자 노력했음에도 불구하고 여전히 수업 진행 과정에서 권력이 교사에게 있다는 딜레마를 경험한다. 그 외에도 학생들의 글쓰기 실력에서 차이가 많다 보니 일부는 깊이 있는 자기 성찰에 도달하지 못하는 등 예상치 못한 문제도 발생하였음을 글 속에서 언급하고 있다.

자료 수집

그녀가 가르치는 학생 28명 중 25명이 흑인이었고 이 중 여학생이 17명, 남학생이 8명이다. 이 연구에 활용된 자료는 다음과 같다.

- 학생들이 쓴 교육적 회고록: "학교는 나에게 어떤 곳이었나?"라는 주제로 글을 쓰게 하였으며 자신의 삶 전체를 회상하기보다 특정 사건들을 중심으로 왜 그것을 기억하고 있는지 살펴보았다. 그래서 전기가 아닌 회고록(memoir)의 형식을 택했다.
- 수업을 마치며 학생들에게 무기명으로 자유롭게 코멘트를 남기도록 하여 자료로 사용하였다.
- 연구자의 현장노트/연구 일지를 활용하였다.

예시 연구 2

제목

Sanders, C. R. (1993). Understanding dogs: Caretakers' attributions of mindedness in canine–human relationships. *Journal of Contemporary Ethnography, 22*(2), 205–226.

배경 설명

전통적인 사회학자들은 인간과 동물 사이에 유의미한 상호작용을 인정하지 않았다. 진정한 의사소통은 언어라는 상징을 활용할 수 있는 행위자 사이에서만 발생한다고 보는 입장에서는 동물의 의사소통을 매우 낮은 단계에 머무는 단순한 것으로 치부한다. 반면 반려동물을 키우는 주인들은 일상 속에서 인간과 동물 사이에 친밀하고 만족스러운 사회적 상호작용이 가능하며, 반려동물에게 어느 정도 사고와 소통 능력이 있다고 본다.

샌더스는 이 연구를 통해 견주들이 반려견의 사고능력에 대해 어떻게 다양하게 생각하고 있는지를 살펴본다. 또한 3마리의 개를 키우면서 느꼈던 자신의 생각을 분석 자료에 포함하고 있다.

연구 결과, 참여자에 따라 동물을 대상으로 보는 경우에서부터 거의 자식 대신으로 보는 사람까지 다양하였다. 그렇지만 반려견과 견주의 상호작용은 평균적인 미국 가정에서 발견되는 상당히 전형적인 모습을 보이는 것으로 드러났다. 샌더스는 회의적인 독자들의 경우 반려견에 대한 과도한 의미 부여로 치부할 수 있는 연구 주제임을 인식하면서도, 다양한 자료에서 나온 예시와 증거를 바탕으로 연구 결과를 기술하였다.

자료 수집

- 자신이 지난 4년간 3마리의 개와 경험한 일들을 체계적으로 관찰하고 기록하였다.
- 9개월 동안 대규모 동물병원에서 참여관찰을 진행하였다. 검사실에 들어오기 전 기다리는 모습이라든지 그 사이에 오고가는 대화내용, 견주와 수의사가 만나서 하는 대화 등 견주와 반려견의 관계를 자세히 관찰하였다. 연구자는 도움이 되기 위해서 검

사 시 동물을 잡아주거나, 검사실을 청소하거나 하는 업무를 했기에 견주들이 따로 물어보지 않는 이상 수의사를 돕는 직원으로 여겨졌다.

- 24명의 견주를 대상으로 심층적인 반구조화 인터뷰를 진행하였다. 참여자들은 동물병원에서 알게 되었거나 병원에서 지원하는 8주간의 강아지 훈련에 참여한 사람들이었다. 인터뷰는 60~90분 정도 소요되었으며 동의하에 진행하고 녹음하였다.
- 참여자의 집이나 기타 장소에서 진행된 모든 인터뷰 당시 이들의 반려견이 그 자리에 있었다. 따라서 가장 친숙한 장소에서 벌어지는 견주과 반려견의 상호작용을 관찰할 수 있었다.

예시 연구 3

제목

김명찬 (2015). 나는 왜 서울대학교 박사가 되어야 했나?. 교육인류학연구, 18(2), 163 – 195.

배경 설명

우리 사회에서 서울대는 인생의 성공이나 이를 위한 수단이라는 상징적 의미를 갖는다. 연구자는 낮은 사회경제적 지위를 가진 가족과 그 구성원에게 서울대학교가 무엇을 의미하는지를 알아보고 있다.

연구자가 어릴 적 그의 가족은 가난이라는 결핍을 학력으로 극복하고자 하는 기대를 가졌다. 이러한 목표를 달성할 가능성이 있는 큰형을 뒷받침하기 위해 모든 가족이 희생을 하는 것은 어쩌면 당연했다. 그렇지만 마침내 서울대에 들어간 형이 가족의 바람과는 다른 길을 가는 상황을 겪게 된다. 이후 연구자 역시 서울대 대학원 입학이라는 목표를 달성했지만 외적 성취로서의 학력이 채워주는 부분에 한계가 있음을 인식한다. 상담자이기도 한 연구자는 자신의 경험을 여러 심리학적 이론을 바탕으로 심층적으로 성찰하고 있다.

자료 수집

- 상담자로서 자기 성장을 위해 작성한 약 5년 6개월 동안의 성찰 일지가 주된 분석 자료로 활용되었다.
- 페이스북에 남긴 자기 회상 및 자기 관찰 자료, 전화 통화 전사본, 인터뷰 전사본, 문헌자료 등을 수집하고 분석하였다.

예시 연구 4

제목

김지영 & 주형일 (2014). 디지털 사진행위를 어떻게 이해할 것인가? 협업적 자기민속지학 연구를 바탕으로. 한국언론정보학보, 67, 62–87.

배경 설명

디지털 카메라나 SNS, 스마트폰은 이제 우리의 일상에서 떼려야 뗄 수 없는 부분이 되었다. 저자들은 디지털 미디어를 이용하는 사진행위가 어떠한 의미를 갖는지 알아본다. 구체적으로 셀카 찍기와 인터넷 기반 SNS를 통한 사진의 공개와 공유가 가진 사회문화적 의미를 20대 후반 여성의 개인적 성찰을 중심으로 알아보고 있다.

특히 이 연구는 교수인 주형일과 대학원생 지영이 함께 대화나 이메일을 주고받으면서 생각을 정리하고 확장시킨 뒤 그 결과를 대화 형식으로 재구성한 협업적 자문화기술지 형식의 글이다.

이들은 사람들이 찍고 모아둔 디지털 사진이 무언가를 증명하려는 목적인 다큐멘트라기보다 필요에 따라 여러 가지 목적으로 활용될 수 있는 축적된 정보로서의 아카이브라고 보았다. 또한 행위자—네트워크 이론(Actor—Network Theory: ANT)의 관점에서, 디지털 기계나 기술과 같은 비인간 행위자들과 인간 행위자가 서로 다양하게 연결되면서 사진 행위(photography)라고 요약될 수 있는 하나의 이야기 안에서 함께 진화한다고 설명한다.

자료 수집

- 대학원생 지영이 이메일과 논문 초고 등에 질문을 적어 보내면 교수가 답변들을 정리해 원고를 작성하였다. 작성 후 지영에게 원고를 다시 보내서 내용을 수정하고 첨가하도록 하였다. 이렇게 몇 차례 원고를 주고받으며 글이 구성되었다.
- 지영의 스마트폰이나 페이스북, 트위터 같은 SNS 계정에 정리해 둔 사진들을 자료로 살펴보았다.

예시 연구 5

제목

Lee, S. Y. (2020). Now as a liminal space, writing as a patchwork: Autoethnographic reflections on the self in the middle of the pandemic. *Qualitative Inquriy*, 1−5.

배경 설명

저자는 미국 대학의 교수다. 동시에

그녀는 아시아인이고 어린 두 아이의 엄마이며 코로나19로 인한 전 세계적 위기 상황 속에서 두려움을 느끼며 주변인으로 살고 있다. 동네 사람들은 마스크를 가장 먼저 쓰고 다니는 그녀의 가족을 마주쳤을 때 공격하거나 모욕하지는 않았다. 다만 거리를 둘 뿐. "당신은 우리와 다르다"는 그들의 시선은 그래서 당신은 "위험하다"는 표현으로 여겨져 상처를 남긴다.

그녀는 성찰적 글쓰기를 통해 스스로의 정체성과 현실에 대한 이해를 시도한다. 끊임없이 변화하고 다른 상황으로 경계를 넘나드는 유동적인 현실 안에서 개인은 늘 불확실하며 여기에서 저기로 이동할 뿐 고정된 정체성을 갖지 않음을 짧은 자문화기술지를 통해 제시하고 있다.

자료 수집

- 연구자가 찍은 사진과 성찰이 주된 자료다. 이 사진들은 연구를 위해 준비한 것이 아니며 평소의 일상을 찍었던 것들이다. 연구자는 사진들을 다시 살펴보며 이를 글과 연결하면서 사진을 기반으로 한 자문화기술지를 작성하였다.

예시 연구 6

제목

Yang, S. (2012). An autoethnography of a childless woman in Korea. *Affilia: Journal of Women and Social Work*, 27(4), 371-380.

배경 설명

이 연구에서 저자는 유교문화권에

속한 한국 사회라는 맥락에서 결혼은 했으나 자발적으로 아이를 낳지 않는 여성의 경험을 탐색하고 있다. 아이가 없다는 사실은 타인과의 만남에서 늘 그녀에서 내적 갈등을 유발한다. 스스로의 믿음대로 진정한 자신의 모습을 보일 것인지, 사회가 요구하는 문화적인 가치에 맞춰서 솔직한 마음을 감추고 가면 속의 모습으로 살아야 하는지 말이다. 저자는 자신의 개인적인 이야기는 전적으로 사회문화적 신념과 규율, 가치에 의해 형성된 것이라고 말한다. 연구자는 자신에 대한 성찰을 통해서 우리 사회의 여성들에게 영향을 미치는 문화의 영향력을 밝힌다.

특히 자신의 경험을 보다 충실히 기술하기 위해서 예전부터 알고 지내던 여성과 서로를 인터뷰하였다. 둘은 세부적인 이유나 상황은 다르지만 아이가 없다는 면에서는 공통점을 갖는다. 상호적 인터뷰를 통해 아이가 없는 여성들이 일상 속에서 겪는 감정 등을 밝히고, 두 사람의 경험을 서로 비교하고 대조하면서 보다 성찰적이고 투명하며 자기 탐색적인 연구를 도모하였다.

자료 수집

- 유사한 상황에 있는 참여자에게 연구의 목적을 설명하고 동의를 받은 뒤 인터뷰를 진행하였다. 먼저 연구자가 참여자를 인터뷰한 뒤, 이후에는 역할을 바꿔서 참여자가 연구자에게 궁금한 점을 자유롭게 질문하도록 요청하였다. 이렇게 해서 약 3시간 분량의 인터뷰 자료를 구성하였다.
- 이후 관계적 측면에 초점을 두고 자료를 분석하였다. 연구자가 참여자의 이야기를 들으며 느낀 점이나 참여자의 질문에 답하며 깨달은 것, 또는 자신의 답변에 대한 참여자의 반응이나 서로의 유사점과 차이점 등을 성찰하였다.

열다섯 번째 일기

치근차근 자문화기술지

열다섯 번째 일기

　몇몇 연구들을 읽고 나서 자문화기술지 연구의 매력에 빠져버렸다. 일반적인 논문보다 훨씬 잘 읽히고 쉽게 이해된다. 그리고 "자료는 반드시 이러한 것이다!"라는 정해진 방식이 없으며, 연구 문제를 이해하기 위해 도움이 될 만한 주변의 모든 것들을 유연하게 활용한다는 생각이 들었다.

　이제 본격적으로 분석 방법을 알고 싶다.

공부 계획
⇒ 수집된 자료의 분석 방법을 알아보자.

질적 자료의 분석과 해석

질적 자료 분석이란

분석은 현장 자료를 의미 있는 결과로 바꾸는 중요한 작업이다. 수집된 자료 안에 어떠한 내용들이 들어 있는지 그 구성요소를 알아보고 이들의 관련성을 찾아내는 작업이라고 할 수 있다. 그 과정에서 연구자는 연구 질문에 답이 되는 중요한 테마들이 무언지, 그것이 자료 속 증거와 잘 부합하는지를 계속해서 살핀다.

질적 연구는 양적 연구처럼 참여자의 경험을 변수로 축소한 뒤 통계적인 인과관계를 찾지 않는다. 복잡한 현실을 최대한 있는 그대로 묘사하고 구체적인 맥락에서 벌어지는 과정을 파노라마로 펼치면서 "복잡한 상호관계성"(Patton, 2017, p. 917)을 드러낸다. 그 결과는 통계적 유의도가 아닌 "내용적 유의도"(Patton, 2017, p. 871)에 의해 판단되는데, 즉 연구자가 어떻게 그리고 얼마나 연구 현상에 대한 이해를 깊게 하였는지, 의도한 목적에 부합하는지, 기존의 다른 지식과 어떤 면에서 연결되는지, 그리고 그 증거들이 탄탄한 지가 중요시된다.

수집된 방대한 자료를 가공하지 않은 채 그대로 독자에게 전달할 수는 없다. 체계적으로 살펴보고, 중요한 건 강조하고, 버릴 건 버려야 한다. 이 과정에서 점차적으로 자료에 대한 연구자의 이해가 깊어진다. 여러 번의 수정과 숙고의 시간을 거쳐서 나온 새로운 통찰은 여러 이론과 개념 등에 비추어 설명한다.

연구 결과는 이처럼 연구자의 적극적인 관여 속에서 나온다. 그렇기 때문에 연구 결과를 result가 아닌 finding이라고 한다. Finding은 어떤 원인에 의해 생긴 자연스런 결과인 result와는 다르다. 한여름 뙤약볕에 가만히 서있으면 땀이 나고 얼굴이 벌겋게 달아오르는데 이러한 현상은

햇빛에 의해 나타나는 자연스런 결과(result)다. 반면 질적 연구를 통해 드러난 주요 테마는 연구자의 성찰과 지적이고 창의적인 노력 없이는 저절로 드러나지 않는다. 연구자가 적극적으로 찾아내는(finding) 노력이 포함된다.

다양한 분석 방법의 활용

질적 자료는 여러 방식으로 분석할 수 있다. 기본적인 테마분석이나 질적 내용분석을 적용할 수도 있고, 특정 연구방법론의 분석단계를 활용해도 된다. 예를 들어 근거이론 방법론을 택하지 않더라도 일반적인 질적 자료를 분석하면서 오픈 코딩과 축코딩을 한다든지 지속적 비교분석을 하는 경우가 그렇다.

하나의 연구 안에 여러 분석 방법을 적용해도 좋다. 예를 들어 테마분석을 하면서 대화분석이나 내러티브 분석 등을 함께 진행한다면 하나의 분석 방법으로는 드러나지 않던 새로운 측면을 발견할 수도 있다 (Roulston, 2001). 그렇기 때문에 다양한 방법론을 익히면 분석을 풍성하게 할 기회도 생겨난다.

반면 생피에르와 잭슨(St. Pierre & Jackson, 2014) 등 포스트모더니즘 학자들은 자료를 단순히 코딩하고 범주화해서 피상적인 테마를 도출하는 기계적인 분석 방식을 비판한다. 대신 이들은 연구자의 관점을 형성하는 데 도움이 되는 이론이나 철학서를 읽고 여기서 나오는 개념들을 연구자의 렌즈로 삼아 자료를 분석하는 대안적 방법을 제시한다. 여러 번 읽고 쓰는, 즉 쓰고 성찰하는 행위 속에서 통찰을 추구하는 분석 방법이라고 할 수 있다(Richardson, & St. Pierre, 2005).

단순 기술을 넘어 해석으로

분석할 때에는 자료 안에 담긴 내용

들을 단순히 기술하는 데에서 머무는 것이 아니라 이를 넘어 새로운 해석을 제시할 수 있어야 한다. 초보 연구자의 경우, 이 과정은 여전히 베일에 싸인 듯 모호하게 느껴질 수 있다. 그러다 보니 스탈러(Staller, 2015)의 지적처럼 제대로 된 분석까지 가지 못한 채 끝나는 경우가 많다. 스탈러는 저널 에디터의 역할을 하면서 보아온 상당수의 부실한 질적 연구들이 분석에서 어떠한 부분을 놓치고 있는지에 대해 아래와 같이 말한다.

- 분석 결과란 연구자의 적극적인 개입과 지적 노력에서 나오는 것임에도 불구하고 마치 테마가 저절로 떠오른 것처럼 "테마가 출현했다"고 말한다.
- 테마를 제시할 때에는 하위 테마와 증거들이 상위 테마 아래로 묶이게 된 이유와 맥락에 대한 연구자의 세부 설명을 함께 제시해야 한다. 그러나 부실한 연구에서는 단순히 테마를 나열해 놓는 데서 그친다.
- 연구 결과는 연구자가 자료를 충분히 소화한 뒤에 테마와 자료, 그리고 주요 테마들 간의 관련성을 보여줌으로써 하나의 유기적인 이야기로 독자에게 전달되어야 한다. 반면 부실한 연구에서는 단순히 자료의 상당 부분을 가공하지 않은 채 그대로 지면에 옮겨 놓았을 뿐이다.
- 연구자는 기존 지식이나 문헌을 참고하면서 결과에 대한 단순한 묘사를 넘어 해석의 단계로 넘어가야 한다. 반면 부실한 연구에서는 인터뷰 질문을 통해 나온 답을 요약해 놓은 채 테마를 발견했다고 말한다. 예를 들어 사회복지사가 겪는 장애물에 대해 알고 싶은 경우, 참여자에게 "어떠한 장애물을 마주하게 됩니까?"라고 물은 뒤 이들이 장애물이라고 이야기한 것들을 쭉 늘

어놓고는 단순히 이것이 "출현된 테마"라고 말한다(Staller, 2016, p. 147-148).

이처럼 질적 자료의 분석은 코딩 방법을 배워서 기계적으로 적용하거나 소프트웨어를 사용한다고 해서 저절로 되는 것이 아니다. 물론 소프트웨어를 활용해서 자료를 효과적으로 관리할 수 있고, 분석 방법을 많이 알수록 자신의 자료를 다각도로 살펴볼 수 있다. 그러나 연구 퍼즐을 맞춰가듯 끊임없이 스스로 질문을 던지고 주제에 대한 답을 찾아가는 노력, 그리고 자신의 분석을 학문적 수준으로 끌어올리기 위해서 여러 문헌을 참고하고 새로운 이론적 틀로 살펴보는 시도가 없이는 좋은 연구가 되기 어렵다.

자문화기술지 자료를 분석하는 이유

자문화기술지는 본인의 이야기이고, 자신의 경험은 그 자체로 의미 있는 것 아니냐고, 왜 이를 굳이 분석하고 해석해야 하냐고 물을지도 모른다. 그러나 앞서 살펴보았듯 자문화기술지가 학술 연구로 인정받기 위해서는 자료를 심층적으로 분석하고 연구 결과가 기존 지식과 어떻게 연결되며 확장하는지를 밝힐 필요가 있다.

자문화기술지 자료를 분석하는 연구자의 초점은 개인의 경험을 넘어 자신이 속한 사회문화적 환경으로 확장된다. 그러면서 다양한 수준의 이해가 발생한다. 개인적 수준에서는 자기 자신에 대한 이해가 깊어진다. 나에게 왜 이 이야기가 중요한지, 누구와의 관계 속에서 어떠한 사건들이 발생했는지, 자신이 세상을 어떻게 이해하고 있는지 알게 된다.

나아가 자신에게 의미 있는 사건은 순수하게 개인적인 수준에 머무르지 않는다. 인간은 태어나면서 이미 문화에 속하는 존재다. 나에게 무엇이 중요하고 좋은 것인지가 온전히 개인 내부에서 나오는 주관적인 가치라기보다는 사회 속에서 학습되고 내재화된 것이라고 볼 수 있다. 따라서 자문화기술지 연구자는 자신의 경험을 매개로 문화의 영향력을 살펴볼 기회를 갖게 된다.

나아가 자신에게서 드러나는 정체성(예를 들어 나이나 젠더, 인종, 종교, 사회적 계층, 지역, 능력..)이 무엇인지 성찰하면서 사람들과의 관계에서 자신의 역할을 객관화시켜 바라볼 기회를 갖는다.

자문화기술지 분석 아이디어

창의적인 스토리텔링식 분석

분석을 할 때에는 우선 어떠한 일이 벌어졌는지를 알아야 한다. 벌어진 일은 글로 쓰기 전에는 알기 어렵다. 분석과 글쓰기가 함께 진행되어야 한다는 의미다. 그래서 아담스 등 (Adams, Holman Jones, & Ellis, 2015)은 현장 자료를 이야기로 이해하는 이야기식 접근(story-approach)을 제안한다.

연구자를 강하게 잡아끄는 경험으로부터 시작하면서 무슨 일이 진행되고 있는지, 자신의 감정은 어떠한지, 이 일은 언제 어디서 누구와의 사이에서 벌어졌는지 등을 자세하게 써본다. 경험을 따라가며 글을 쓰다 보면 그 당시의 느낌이 되살아나면서 잊혔던 기억까지 떠오를 수 있다. 그 과정에서 심층적인 테마나 흐름을 찾는다.

창의적인 분석을 시도하는 연구자들은 정해진 분석 방법을 따르지 않는다(Richardson & St. Pierre, 2005). 대신 일반적인 문화기술지 장르의 경계를 흐리고 확장하며 학계를 넘어 일반 독자에게까지 다가갈 수 있는 대안적 글쓰기를 시도한다. 여럿이 함께 글을 쓰거나 자서전을 써본다든지, 현장노트나 인터뷰 자료를 드라마나 시로 바꿔본다든지 하는 시도도 해본다.

리차드슨(Richardson & St. Pierre, 2005)은 이것을 "창의적 분석적 과정(CAP: creative analytical processes)"(p. 962)을 통한 문화기술지라고 부르며 연구의 결과물이란 글을 쓰는 사람과 결코 분리될 수 없으며 글을 쓰는 과정 자체가 무언가를 알아가는 방법임을 강조한다(Richardson & St. Pierre, 2005). 이야기식 글쓰기를 하면서 연구의 학술적 기여도와 타당도를 높이기 위해서 이론적 렌즈를 활용하여 분석하는 것을 선호하는 경우도 있다(Ellis, Adams, & Bochner, 2011).

이론으로 읽기

포스트모더니즘 학자들은 처음부터 이론서를 읽고 자료를 이론으로 읽어보도록 제안한다(St. Pierre, 2014). 예를 들어, 푸코나 부르디외 같은 학자의 이론을 사용해서 상식적인 생각을 새로운 관점으로 보거나 해석하는 시도가 여기에 속한다. 포스트모더니즘 학자들은 인터뷰나 현장에서 수집된 자료만을 텍스트로 우선시하지 않으며 책이나 다른 문서도 자료로서 모두 분석될 수 있다고 강조한다.

일상 속 주변의 경험을 새로운 시각으로 보는 연구에서도 이론은 좋은 도구가 된다(Brinkmann, 2012). 브링크만의 설명을 예로 들어보자. 만일 뉴스 같은 미디어를 접하다가 흥미로운 주제를 발견한다면? 먼저 이와 관련된 자료를 더 수집한다. 동영상을 찾아보고, 그 주제에 대해 친구와 이야기하고, 신문기사도 수집하는 등 충분하다고 여겨질 만큼 자료를 모은다. 그 과정에서 지속적으로 할 일이 바로 이론적 문헌을 읽는 것이다. 여러 이론을 활용할 수 있으며, 미리 정해져 있지는 않다. 그리고 분석적 글쓰기를 시작한다. 자료에 개념과 설명을 더하고 자신만의 주체적인 관점으로 새롭게 재구성한다.

반대로, 처음부터 이론적 문헌을 읽은 다음 '이 이론을 어떻게 적용해 볼 수 있을까?' 고민하면서 적절한 주제를 탐색해도 무방하다. 중요한 것은 여러 이론적 틀을 적용해서 당연시하던 일상을 새롭게 바라보는 시도라고 할 수 있다.

보다 체계적인 분석 방법

분석적인 자문화기술지를 옹호하는 연구자들은 창의적인 글쓰기 방식을 선호하지 않는다. 대신 자문화기술지 자료도 일반적인 질적 자료와 동일하게 체계적으로 코딩하거나 분석해서 결과를 제시한다.

테마분석(Braun & Clarke, 2006)은 가장 일반적으로 활용이 가능한 유연한 방법이다. 먼저 자료를 읽고 의미 있어 보이는 부분에 코드라고 불리는 일종의 이름표(label 또는 tag)를 부여한다. 이 코드들을 비교하며 유사한 내용끼리 묶고 수정하기를 반복한다. 그 과정에서 드러나는 유의미한 패턴이 무엇인지 신중하게 살펴본다. 그런 다음 지금까지 분석된 내용과 자료, 그리고 연구 질문을 고려하면서 연구 주제에 답이 될 만한 주요 테마를 구성한다.

그 외에도 다른 방법론의 분석단계를 활용할 수 있다. 예를 들어, 근거이론의 분석 방법을 활용해서 개인적 이야기를 넘어 추상적인 이론화를 시도할 수도 있다(Pace, 2012). 먼저 연구자는 자료를 꼼꼼하게 읽으면서 오픈코딩을 한다. 그런 다음 흩어진 코드들을 범주와 하위범주로 묶는다. 이때 중요한 것이 지속적 비교다. 어느 정도 주요 범주가 구성되면 축코딩을 하면서 다양한 범주와 코드들 간의 연결을 시도한다. 이후 핵심이 되는 개념이 도출되면 이를 중심으로 설명력 있는 모델을 구성하고 이론화한다. 필요하면 추가 자료를 수집하고, 분석 과정 내내 기록한 메모들을 새롭게 배열하면서 이론을 완성시킨다.

장희원(Chang, 2008) 역시 자료를 체계적으로 분석하고 해석하도록 제안한다. 아래에서 소개하는 그녀의 제안은 자문화기술지 자료를 분석할 때 좋은 지침이 되어 준다.

　－ 자료에서 반복되는 주제는 무엇인가?

　문학작품으로 보자면 모티브에 해당한다고 볼 수 있다. 이야기를 하나로 연결시키는 되풀이되는 핵심 요소는 무엇인지 살펴본다.

　－ 이야기를 통해 어떠한 문화적 가정을 읽을 수 있는가?

　사람들의 행동에 영향을 미치는 암묵적이거나 때로 공공연히 동의되는 가정이 무엇인지 살펴본다. 문화적 가정은 사람들이 일상적으로 반복하는 일들(routines), 의례나 절차(rituals), 규칙(rules), 역할(roles), 관계(relationships) 안에 녹아있다. 또한 우리가 사용하는 언어 역시 문화의 중요 요소다. 자신에게 영향을 미친 속담이나 관용구, 은유 등이 있는지, 여기에는 어떠한 문화적 가정이 녹아있는지 살펴본다.

　－ 내 삶을 바꾼 경험에는 무엇이 있는가?

　관점의 전환을 가져오게 한 사건이나 예외적인 상황들은 연구자의 삶에 큰 영향을 미친다. 자신에게 그러한 경험은 무엇이었는지, 어떠한 의미를 갖는지 성찰적으로 살펴본다.

　－ 경험을 이야기로 구성하면서 내가 의식적 혹은 무의식적으로 글
　　 속에 넣지 않은 부분은 무엇인가?

　자료에 무엇이 포함되고 생략되었는지를 통해 삶에서 어떠한 일들이 나에게 일어나지 않았거나, 발견되지 않았는지, 또는 덜 익숙한 것, 스스로가 무시하거나 가치를 두지 않은 것은 무엇인지 알아볼 수 있다. 자기가 드러내고 싶어 하는 부분과 굳이 말하지 않거나 숨기는 부분에

대해서도 성찰해 본다.

　부재한 내용에 대한 검토는 사진이나 이미지 분석에서도 활용 가능하다. 예를 들어, 롤랜드 블레이커(Bleiker, 2019)는 과거 스위스 군장교로 한국의 비무장지대(DMZ)에 복무했었고, 카메라를 들고 다니며 많은 사진을 찍었다. 본국으로 돌아가서 오랜 시간이 흐른 뒤 사진을 다시보게 되었는데 예전에는 눈에 띄지 않던 부재한 이미지가 드러났다. 블레이커는 자신의 경험을 성찰하고 비무장지대가 군사화된 남성성에 깊이 젖어있음을 시각적 자문화기술지 방식으로 제시한다.

　－ 현재의 생각이나 행동은 과거 어떤 사건과 연결되어 있는가?

　경험에 대해 생각하고 분석하기 위해서는 내러티브적 사고가 필요하다. 내러티브적 사고는 특정 시간과 공간, 그리고 그 안에서 벌어지는 상호작용을 중심으로 경험을 이해한다. 특히 시간성의 측면에서 볼 때 현재의 생각은 과거의 특정 사건에 뿌리를 두고 있다.

　－ 나와 다른 사람들의 관계는 어떠한가?

　나의 경험은 다른 사람들과의 관계 속에서 만들어진다. 타인과의 상호작용에 대한 성찰은 분석의 중요한 요소다.

　－ 나와 비슷한 경험을 한 다른 사람들의 사례는 나와 어떻게 같고 다른가? 왜 그러한가?

　여러 참여자의 경험과 나의 경험을 비교해 본다. 공통점과 차이점은 무엇인지, 어떠한 맥락적 요인이 여기에 영향을 미치고 있는지 살펴본다. 나아가 개인의 정체성을 나타내는 여러 표시들, 가령 젠더, 인종, 나이, 국적, 성적 경향, 정상과 장애, 종교, 사는 지역 등이 세상을 경험하고 이해하는 데 어떠한 역할을 하는지, 이로 인해 누가 혜택을 받고 누가 소외당하는지를 성찰한다.

- 나의 경험은 내가 속한 사회와 문화, 정치, 경제, 종교, 역사, 이데올로기, 지리적 환경 등과 어떻게 관련되어 있는가?

개인적인 문제와 공공의 이슈를 연결하는 것은 밀스(Mills, 1959, 2000)가 말하는 '사회학적 상상력'을 발휘하는 것이다. 밀스는 "한 개인의 삶과 한 사회의 역사는 그 두 가지를 함께 이해하지 않고는 이해할 수 없다. 그런데도 사람들은 대개 자신이 겪고 있는 고통(troubles)을 역사적 변동과 제도적 모순으로 규정하려고 하지 않는다. 그들이 누리는 안락 역시 자신이 살고 있는 사회의 큰 흥망성쇠 탓이라고 생각하지 않는다"(Mills, 1959, 2000, p. 16)며 사회학적 상상력을 발휘하지 않는 개인의 태도에 대한 인식 변화를 요구했다. 자신의 경험을 보다 넓은 사회로 확장해서 알아봄으로써 직접적으로 인식하지 못했지만 늘 개인의 삶에 영향을 미치는 환경에 대해 이해할 수 있다.

- 사회과학에서 사용되는 개념 중에 내 경험을 이해하는 데 도움이 될 만한 것은 무엇일까?

사회현상을 설명하는 추상적이거나 일반적인 개념을 활용해서 자신의 경험을 이해해 본다. 예를 들어, 앤더슨(Anderson, 2006)은 척추질환을 연구한 로버트 머피의 자전적 연구(Murphy, 1987, 『The Body Silent』)를 사회과학의 개념을 활용해서 이론적 이해를 확장시킨 우수한 사례로 소개한다. 머피는 자문화기술지를 통해 장애를 일탈(deviance)의 관점에서 보는 것보다 경계성(liminality: 한쪽에 속하지 않고 모호한 경계에 놓여있는 상태)이라는 개념으로 보는 것이 인간의 장애를 이해하는 데 더 정확하고 의미 있는 분석적 틀이 된다고 제안했다.

– 어떠한 이론을 적용해서 내 경험의 여러 측면을 설명할 수 있을까?

사회과학의 개념과 마찬가지로 이론적 틀은 자료를 해석하는 데 주요 도구가 되어 준다. 적절한 이론은 자료의 내용을 확장시키고 이해가 깊어지게 한다. 스스로 만족스러운 설명에 도달할 때까지 어떠한 이론이 자신의 연구를 이해하는 데 도움이 될지 끊임없이 검색하고 읽어나가는 것이 중요하다.

예를 들어, 프라사드(Prasad, 2014)의 연구를 살펴보자. 그녀는 박사논문을 쓰기 위해 이스라엘에 점령된 팔레스타인 지역에서 현장 연구를 진행하였다. 숙소가 있던 이스라엘의 예루살렘에서 매일 아침 칼란디야 검문소를 통과하고 저녁이면 다시 검문소를 지나 이스라엘로 돌아와야만 했다. 그녀는 콘크리트와 철골 구조물로 된 삭막한 검문소를 통과하기 위해서 수십 분이 넘게 아무런 이유도 듣지 못한 채 두려움과 불안 속에 기다릴 수밖에 없는 현실 앞에서 정신적 어려움을 경험한다. 그나마 자신은 캐나다 국적 여권을 지녀서 별 문제 없었지만, 팔레스타인 사람들의 고통은 심각한 수준이었다.

이 경험을 통해 그녀는 자신 역시 어려서 피지 난민으로 캐나다에 정착했기 때문에 늘 정체성에 대한 문제를 지니고 있음을 깨닫게 된다. 연구를 마치고 캐나다로 돌아와서도 그녀의 트라우마는 지속되었고 그때를 떠올리며 현장에서의 경험을 자문화기술지 방법으로 연구하였다. 그녀가 사용한 이론적 틀은 두 가지였다. 먼저 정신분석이론은 정신적 고통의 상황에서의 인간의 행동, 그리고 개인의 정체성을 구성하는 데 영향을 미치는 타인과 사회 구조, 기관의 역할에 대한 통찰을 제시해 주기 때문에 이를 이론적 틀로 활용하였다. 추가적으로 포스트식민주의 이론을 보완해서 식민주의 이후에까지 여전히 영향을 미치는 지배자와 피지배자의 불가피한 상호의존관계에 대한 비판적 성찰을 제시하였다.

─ 내부자/외부자

그 이외에도 펄라이어스(Pelias, 2019)가 제안하듯 자신이 내부자이기 때문에 연구 주제에 대해 잘 알게 되는 점, 또는 내부자여서 눈에 잘 보이지 않는 부분을 성찰하는 것이 중요하다. 내부자와 외부자의 입장을 오가면서 마주하는 긴장도 살펴본다(Adams, Holman Jones, & Ellis, 2015).

카라와 필립스(Karra & Phillips, 2008)는 자신이 속한 조직에서 자문화기술지 연구를 하였는데, 비판적 거리의 부재라든지, 연구자이면서 조직원으로서의 역할 갈등에 어려움을 겪었다고 이야기한다. 예를 들어, 타인의 눈에는 흥미로울 수 있는 점도 연구자에게는 단지 일상으로 여겨졌고, 오랜 기간 친하게 지내온 동료들은 연구자를 심각하게 대하지 않았다. 인터뷰 질문을 던지면 "너도 이미 다 아는 얘기잖아."라고 웃어 버리거나 인터뷰 시간이 단순히 '옛 시절'에 대한 수다로 전락하는 경우도 문제였다고 말한다(p. 555).

마무리하면

자문화기술지 자료의 분석에는 정답이 있을 수 없다. 위에서 제시한 여러 생각거리를 고려하면서 나름대로 의미 있는 통찰을 찾아가는 것이 최선이다. 분석을 하다 보면 경험을 새롭게 이해하게 되기 때문에 이야기를 너무 빨리 결과로 고정시키지 말고 대신 잠정적인 것, 어느 쪽에서 새롭게 잎이 돋아날지 모르는 가능성을 지닌 대상으로 보기를 제안한다.

열여섯 번째 일기

치근차근 자문화기술지

열여섯 번째 일기

휴∽∽ 질적 분석은 연구자의 사고를 반영하는 것이지 단순히 공식대로 따라할 수는 없음을 다시 한 번 느낀다.

어쨌든 분석과 해석 과정을 통해서 나의 개인적 경험이 더 큰 맥락과 어떻게 얽혀있는지를 알게 되고 새로운 이해가 생겨나는 것이 자문화기술지의 매력이구나 싶다.

들깨의 말대로 논문을 투고해 봐야겠다. 그러려면 일단 결과를 잘 써서 마무리해야겠지.

공부 계획
⇒ 자문화기술지의 글쓰기를 알아보자.

자문화기술지 글쓰기

다양한 글쓰기 방식

앞 장에서는 자문화기술지에서 자료를 어떻게 분석하는지 알아봤다. 분석과 글쓰기가 별개의 활동이 아님도 이야기했다. 글쓰기는 흐릿하던 기억을 생생하게 떠올리고 사고를 깊게 하는 최고의 도구다.

그렇다면 이제는 모든 자료와 분석을 글로 완성시킬 시간이다. 어떠한 형태로 엮으면 좋을까? 분석과 해석을 따로 떼어야 하는가, 함께 연결시키는가? 여기에 고정된 방식은 없다. 연구마다 다르다. 여러 자문화기술지를 읽어보고 자신의 주제와 잘 어울리는 스타일을 찾아본다.

밴 매넌(van Maanen, 1988)의 경우 문화기술지적 글쓰기를 사실적 (realistic), 고백적(confessional), 인상적(impressionist) 글쓰기로 나눠서 보았다. 사실적 글쓰기는 벌어진 일에 초점을 맞춘다. 그리고 이를 전문가적 입장에서 거리를 두고 기술한다. 반면 초점이 연구자 자신으로 옮겨진 경우는 고백적 글쓰기로 분류된다. 만일 초점이 현장 연구 과정에서 발생한 특정 경험을 인상적으로 묘사하는 데 있다면 인상적 글쓰기라고 볼 수 있다.

유사하게 장희원(Chang, 2013)은 글쓰기를 현실적(descriptive - realistic), 고백적 - 감정적(confessional - emotive), 분석적(analytic - interpretive), 창의적(imaginative - creative)인 네 가지 형태로 분류한다.

물론 이러한 구분에 맞춰 글을 써야만 하는 것은 아니다. 위의 분류가 명확히 구별되지 않을 때도 많은데 예를 들어 어떤 자문화기술지 연구를 읽다 보면 하나의 글 속에 다양한 글쓰기 방식이 보이기도 한다. 따라서 많은 글을 접해보면 자신만의 스타일을 만드는 데 도움이 될 수 있다. 아래에서는 대표적인 몇 가지 글쓰기 방식을 예시와 함께 소개하고자 한다.

현실적인 글쓰기

현실적 글쓰기는 자문화기술지적으로 경험을 기술하고 있지만 감정을 자유롭게 표현하기보다는 자기 자신과 거리를 유지한 채 서술하는 방식이다. 예를 들면 아래와 같다.

> 학교에서 몇 안 되는 소수집단 학생으로서 내 검은 피부와 머리색, 눈동자는 쉽게 눈에 띄었다. 나는 남들과 다르다는 점을 즐겼다. 아버지처럼 피부가 희고 파랑과 녹색이 섞인 눈을 가진 내 남동생과는 달리 나는 엄마를 닮았기에 특별하고 자랑스럽다고 여겼다.
>
> ...
>
> 나는 초등학교에 들어가자마자 언어 장애를 진단받은 사실을 기억한다. 부모님은 나하고 오직 영어로만 이야기하라는 의견을 들었다. 나만 힘들었던 건 아니다. 엄마는 고등교육도 받지 못하고 영어도 잘 못하는 상태로 32살에 멕시코에서 미국에 왔다.
>
> (Murakami-Ramalho, Piert, & Militello, 2008, p. 813).

고백적-감정적 글쓰기

고백적이고 감정적 글쓰기는 자신의 느낌을 보다 주관적으로 자유롭게 기술한다. 아래의 예는 과거 정신병원에서 치료를 받았고, 이후 정신질환자라는 낙인에서 자유롭지 못한 자신의 소외된 경험에 대한 글이다.

> 내 인생의 여행은 처음에는 미래가 약속된 철길을 달렸다. 열차는 확신을 가진 채 인생이라는 다리를 건너 나를 거침없이 목적지까지 데려다

줄 예정이었다. 내가 제대로만 한다면 성공은 확실했다. 나는 낙원으로
의 편도 티켓을 샀고, 좌석에 조용히 앉아서 창밖으로 빠르게 지나가는
세상을 그저 순순히 바라보았다. 단 한 가지 문제가 있었다. 빠르게 지
나치는 화면이 너무나 강렬했다. 직관적이고 생생하며 현실적이었다.
나는 여기에 매료되었고 시시각각 변하는 장면들이 불편하면서도 강박
적인 판타지로 섞여들었다.

…

너무나 아팠다. 나는 상황을 개선해줄 '전문가'를 필요로 했다. 사람들
은 나를 기차에서 내렸다. 나는 힘들다고밖에 말할 수 없었지만 그들은
이 열차에서는 절대로 감당할 수 없다고 하였다. 그들은 나를 철길 옆
에 두고, 나의 병에 이름을 붙인 의사의 손에 나를 맡겼다.

…

나는 정신병 환자였다. 조현병. 그리고 내 인생의 여행을 절대 마칠 수
없었다. 나와 같은 사람들은 절대 그렇게 하지 못했으니까.
(Muncey & Roboinson, 2007, p. 82)

분석적 글쓰기

분석적인 글쓰기는 전형적인 사회과학 연구의 글쓰기 방식을 따른다.
서론에서 연구의 목적과 연구 질문을 제시하고 방법론에서 구체적인 자
료 수집과 분석 방법을 기술한다. 그 다음에는 연구의 결과와 논의가
이어진다. 결과의 글쓰기도 연구자에게 익숙한 형태다.

우리는 패트리샤와 르네의 이야기부터 시작한다. 이들의 이야기를 통해
의례화된 자녀양육 행위에 대한 지속되는 관점을 볼 수 있다. 퍼즐놀이
를 하고 케이크를 만드는 것은 자신의 시간을 자녀를 위해, 그리고 그
들과 함께 보낸다는 공동의, 그렇지만 개인적이고 감정적인 표현이다.

우리는 이 두 개의 활동에서 자녀양육이 시간이 멈춰진 듯한, 그러면서
도 찰나의 순간임을 본다. '퍼즐 조각'이라는 제목의 패트리샤의 이야
기는 현재(그녀의 딸과의 순간)와 과거(그녀의 어머니와의 순간)의 이
야기를 하나로 엮는다. 그러면서 함께 퍼즐 조각을 맞추는 보기에 그저
평범한 활동으로 재현될 수 있는 육아의 순간을 포착하고 있다.
(Geist-Martin et al., 2010, p. 5)

창의적 글쓰기

때로 연구자는 연구 결과를 시나리오 형태로 바꾸거나 시나 소설형
식으로 표현하는 등 다양한 장르의 글쓰기를 시도한다. 전형적이지 않
고 새로운 표현은 독자들의 시야를 넓혀준다(Gergen & Gergen, 2018).

너무 화가 났다. 오후에 팀장님이 사무실로 나를 불러서는 말씀하셨다.
"알잖아, J한테 지금 제일 중요한 건 잘 쉬는 거야! 회사라는 게 환자
는 둘째 치고 건강한 사람한테도 얼마나 스트레스를 주는 곳인데. 옆
부서에 있던 그 직원 기억나? 암 진단 받고 바로 회사 그만 둔 사람?
몸이 중요하지 그깟 일은 아무것도 아니라고 생각한 거지. 지금은 많이
좋아졌을걸."
" . . . "
"J도 마찬가지야. 그 상태로 계속 일하는 게 얼마나 위험하겠어? J한
테 일 걱정은 말고 집에서 푹 쉬라고 얘기 좀 해봐. 걔가 한대리 말은
듣잖아. 안 그래?"
'나 참. 지금 날 이용해서 J를 자르겠다는 건가? 언제 한 번 진심으로
"몸은 괜찮냐?"고 물어 본 적이나 있었나? 암에 걸렸어도 이 회사에서
J만큼 일 잘하는 사람도 없는 거 알 텐데.'
팀장은 계속해서 나를 설득했다.

"J의 부모님을 생각해봐요! 가능하면 아들이 오랫동안 사는 걸 바라실 것 아니겠어?"

'J의 부모님'이란 말에 마음이 흔들렸다. 그 말이 맞긴 하다. 지난번에 병원에서 만난 J의 부모님은 나에게 J가 회사생활을 어떻게 하는지, 업무가 어느 정도 스트레스를 주는지 걱정스레 물으셨다. 하지만 J가 누구의 말도 안 들을 걸 알고 계셨다. 나는 무엇이 J를 위한 건지 알 수 없어졌고, 점점 그가 회사를 관두는 쪽이 옳은 선택이 아닐까 생각하게 되었다.

(Han, 2012, p. 290-291)

소외된 사람들의 청원

나는 당신의 그림자
당신이 만나고 싶지 않은 사람
나는 당신의 망상
당신이 받아들이고 싶지 않은 사람
나는 당신의 악몽
불이 나갔을 때의 순간
나는 당신의 영적인 근원
당신이 의심하려 애쓰는 사람
나는 당신의 현재
끔찍하게 혐오스러운 자신
나는 당신의 근원
병이 들 만큼 강박적인 내면의 목소리
나는 당신의 그림자

당신의 발에서부터 냉혹하게 자라는

나는 당신의 잃어버린 자아

나는 받아들여요. 당신은 완전해질 것입니다.

(Muncey & Roboinson, 2007, p. 83)

층층이 겹쳐진 설명(layered account)

그 외에도 여러 장면을 중간 중간 끼워 넣으면서 빠른 장면전환 형식의 글쓰기를 시도해 볼 수 있다. 편집을 잘한 드라마나 영화는 관객을 긴장시키고 몰입하게 만들 듯 자문화기술지에서도 장면을 넘나드는 글쓰기는 독자들이 시간과 장소를 오가며 무슨 일이 벌어지고 있는지 주의를 기울이도록 돕는다.

"내 아버지의 아버지는 그 자신과 아내를 육체적 그리고 감정적으로 괴롭혔다. 아버지의 아버지는 아들이나 딸을, 특히 아들 하나 딸 하나를 원치 않았기에 마치 자식들을 없는 사람처럼 대했다. 아버지의 아버지는 남들에게 차갑게 대했고, 필요하면 때렸고, 자식들에게 원망을 가졌다. 아버지는 그의 아버지를 사랑했다.

◆◆◆

고등학교 시절, 아버지는 프로골퍼가 되고 싶었다. 고등학교 대표팀 4년 내내 선수생활을 했고 직업으로 이어가고자 준비했다. 졸업 후 지역대학의 골프팀에 들어갔다. 1년 뒤 그의 아버지는 그를 그만두게 하였다. 그의 아버지는 더이상 가족의 가업을 운영할 수 없었고 내 아버지의 꿈은 그대로 멈췄다.

대학에서 1년을 마친 뒤 나는 아버지에게 사업을 해도 되는지 물었다. "안 돼," 하면서 아버지는 덧붙였다. "나는 30년을 괴롭게 살았다. 너도 그렇게 하는 건 절대 바라지 않아."

◆◆◆

(중략)

복도 벽지에 쓸리면서 내 어머니의 머리카락 일부분이 타버렸다. 일부
러 그런 것은 아니다. 아버지가 어머니를 벽으로 던졌다. 어머니 머리
카락 색깔 일부가 문질러지면서 벽에 30센티 정도 검은 자국을 남겼
다. 어머니의 눈물 고인 눈동자와 내 눈이 맞닿았다. 아버지는 나에게
방으로 돌아가라고 말했다."

(Adams, 2006, p. 706-707)

대화적 글쓰기

여러 명이 함께 연구를 한 뒤 이들이 서로 대화하는 형식으로 글을
구성할 수도 있다. 앞서 소개한 주형일과 김지영의 연구는 교수와 학생
의 대화 형식으로 글이 이어진다.

> 지영: 예를 들어, '페이스북'의 사진은 다큐멘터리는 되지만 나의 삶이
> 실제로 그렇게 존재한다는 것을 증명하는 서류가 되지는 않는다
> 는 것인가요? 그런데 '페이스북'의 많은 사진들이 내가 여기 있었
> 다, 이것을 먹었다, 이것을 보았다 등을 증명하는 서류 역할을 하
> 지 않나요? 그리고 그런 사진들은 '좋아요'나 댓글 등을 통해 사
> 회적으로 인정받아 다큐멘트의 지위를 갖게 되는 것이 아닌가요?
> 형일: 그것은 사회적 인정이라기보다는 이야기 과정에의 참여라고 할
> 수 있다. SNS 미디어의 사진들은 내 삶이 실제로 그렇다는 것
> 을 증명하는 서류가 아니라 친구들의 동참에 힘입어 내 삶을 그
> 런 모습으로 만들어 보여주는 재료인 셈이지. 부르디외
> (Bourdieu, 1965/2004)가 지적했듯이 아날로그 사진 시대에
> 사진은 결혼식이나 첫 영성체와 같은 특별한 행사에 전문사진가

에 의해 촬영돼 가족의 결속 등을 보여주고 확인하는 다큐멘트
처럼 이용됐다. 그런데 이처럼 전문사진가에 의해 제작된 사진들
을 액자, 앨범의 형태로 만들어 친지들이 함께 모여 보고 이야기
를 나누는 것은 사진이 단순한 다큐멘트가 아니라 삶의 이야기
를 만드는 다큐멘터리의 재료로서 기능하도록 만드는 장치였다
고 할 수 있어."

(김지영 & 주형일. 2014. p. 76)

독자에게 다가가는 쉬운 글

1979년 영국인인 크리시 메이어
(Chrissie Maher) 여사는 런던의 의사당 근처에서 동료들과 시위를 벌였
다. 정부의 공문서 다발을 갈가리 찢으며, 일반인들이 알 수 없는 전문
용어로 범벅된 어렵고 장황한 글을 쓰는 정부에 항의했다. 당시의 배경
은 이렇다. 형편이 어려운 기초생활수급대상자들이 정부의 복지수당 신
청에 관한 글이 너무나 어려운 나머지 신청서 작성조차 하지 못한 채 차
가운 방에서 숨진 채 발견되었고 메이어 여사는 이러한 상황에 분노하
게 된 것이다. 이후 그녀는 쉬운영어쓰기 캠페인(Plain English Campaign,
http://www.plainenglish.co.uk/)이라는 단체를 만들었고 이 운동은 곧 영
국 전역으로 퍼졌다. 쉬운 영어와 어려운 영어가 어떻게 다른지 궁금
하다면 아래의 사례를 보자.

어려운 영어	쉬운 영어
High-quality learning environments are a necessary precondition for facilitation and enhancement of the ongoing learning process. (진행 중인 학습과정을 촉진하고 향상시키기 위해 필요한 전제조건은 양질의 학습 환경이다.)	Children need good schools if they are to learn properly. (아이들이 제대로 배우려면 좋은 학교가 필요하다.)
If there are any points on which you require explanation or further particulars we shall be glad to furnish such additional details as may be required by telephone. (설명이나 추가적인 세부사항이 필요한 부분이 있다면 저희들은 전화상으로 그러한 추가 사항에 대해서 기꺼이 설명해 드리겠습니다.)	If you have any questions, please phone. (질문이 있다면 전화주시기 바랍니다.)

출처: http://www.plainenglish.co.uk/campaigning/examples/before-and-after.html

쉬운 말이 필요한 곳은 영어권 국가들만이 아니다. 우리나라도 쉬운 공공언어 쓰기 운동을 하면서 공문서에서 어려운 표현을 바꾸고자 노력 중이다. 문화체육부와 국립국어원에서 만든 『쉬운 공공언어 쓰기 길잡이』에 따르면 쉬운 공공언어는 국민의 처지에서 표현하고 쉬운 말로 쓰며 명료한 문장을 써서 한눈에 알 수 있게 구성된 글이다(https://www.korean.go.kr/attachFile/viewer/202108/d1ce1113-cc07-4f4c-9ea2-dd920eecba7b.pdf.htm).

내 생각에 이러한 기준은 자문화기술지에도 적용되지 않을까 싶다. 글을 읽을 독자를 염두에 둔 글, 쉽고 명료한 표현을 사용하며 구성이 깔끔한 글이라면 일단 계속 읽고 싶어질 것 같다. 그러나 여전히 연구자들은 쉽게 쓰면 얕잡아 보일까봐 우려한다. 학계에서도 "심하게 추상적이고, 전문용어가 쓰이고, 읽기 어렵고, 출처가 모호한"(bell hooks, 1991; Ellis & Adams, 2014, p. 263에서 재인용) 글을 높이 사는 경향이 있다.

전문가 집단이나 이해할 만한 난해한 수치나 전문용어를 쓰면서 결과를 일방적으로 전달하는 것은 자문화기술지의 목적과 거리가 멀다(Adams, et al., 2015). 현실 문제를 함께 고민하고 서로의 삶을 변화시키려면 연구자는 독자와 소통해야 한다. 그러려면 쉽고 일상적인 언어가 좋다. 한 번 아래의 두 글을 비교해 보자.

A.

"틸만, 저울에 올라가"

"신발 벗어도 되나요?" 내가 묻는다.

"그냥 올라가라"..

"틸만.."

이 시간이 영원한 것 같다.

나는 볼 수 없다. 숨을 쉴 수 없다.

"43킬로"

움찔한다. 나는 12살이다.

B.

본 연구에서 대중매체 영향력은 경로모형에서 사회적 체격불안, 섭식장애증상에 직접 효과를 보이고...(중략)...사회적 체격불안이 섭식장애증상에 대한 설명력이 가장 높은 것을 감안하면, 이 변인이 포함된 반복 연구를 통해 연령에 따른 변화 추이를 분석할 필요가 있다.

A는 체중에 대한 강박으로 음식을 마구 먹은 뒤 토해내는 자신의 어려움을 자문화기술지적으로 탐색한 틸만 힐리(Tillmann-Healy, 1996)의 연구다. B는 A글과 비교해 보기 위해서 '섭식장애'라는 키워드를 치고 검색된 어느 논문의 일부분으로 일반 독자들은 언뜻 봐서는 뜻을 이해하기 어렵다. 물론 과학적인 글과 내러티브적 묘사는 모두 중요하다. 다만 연구의 목적이 무엇인지, 그 목적을 달성하기 위해서 어떠한 재현 수단을 사용할지 연구자는 늘 고민해 볼 필요가 있다.

좋은 글은 하고자 하는 말을 독자에게 효과적으로 전달하고 울림을 준다. 질적 연구자는 좋은 글을 쓰기 위해 많이 읽고 직접 써보면서 감각을 익힐 필요가 있다.

자신에 대한 글쓰기의 어려움

내가 쓰고 있는 것은 지금의 나인가, 아니면 당시의 나인가?

우리는 마가렛 휘틀리(Margaret J. Wheatley, 2002)의 말처럼 자신의 무지를 인정하는 방법을 배우지 못했다. 자신감과 확신을 가지고 스스로의 의견을 말하라고, 혼란스러워 하는 사람은 좋게 평가받지 못한다고 들어왔다. 흥미롭게도 이러한 교육은 자문화기술지 글쓰기를 하면서 독특한 문제를 제기한다(Richards, 2008). "나에 대해서 쓰고 있는 나는 누구인가? 내가 쓰고 있는 것은 지금의 나인가, 아니면 그 당시의 나인가? 예전의 나는 현재의 나와 같은 사람인가?"(Richards, 2008, p. 1724)

자신의 과거 경험을 고정불변한 대상으로 취급하면서 단정 짓는 것은 해당 경험을 잘못 일반화시킬 우려가 있다. 테드락(Tedlock, 2000)의 표현대로 자문화기술지 글쓰기는 과거 경험에 대한 정확한 기록이 아닌 현장 연구의 연속이며 특정 역사와 정치, 개인적 상황 속에서 기록된 인간의 삶의 재현이다(Wall, 2008에서 재인용).

> 개인의 과거를 해석하고 쓰는 일은, 벌어진 일을 무덤덤하게 다시 재생
> 하는 것이 아니다. 대신 현재와 흥미, 필요, 바람 등이 더해진 산물이
> 다. 현재는, 그리고 이야기를 하는 자신은 그 과정 안에서, 그리고 이
> 를 통해서 변화한다. … 과거와 현재뿐만 아니라 과거, 현재, 그리고
> 미래 사이에 변증법적 관계가 존재한다고 볼 수 있다. 지금 내가 과거
> 를 돌아보는 이 순간에 나는 미래로 이동하며 어떠한 사람이 되고자
> 하는지 그 모습과 의미를 만들어 간다(Freeman, 2007, p.
> 137-138).

과거는 늘 지금 시점에서 새롭게 해석되며 오직 주관적 해석만이 있
다는 니체의 말을 잊지 않는 겸허한 글쓰기가 중요해 보인다.

열일곱 번째 일기

치근치근 지문화기술지

열일곱 번째 일기

막상 글을 쓰고 나니 학술지 심사자들이 내 글을 읽고 어떻게 생각할지 너무나 걱정이 된다. 보는 사람마다 관점이 다를 수도 있을 텐데..

잘 쓰인 자문화기술지란 어떠한 기준을 만족해야 할까?

공부 계획

⇒ 잘 된 자문화기술지 연구의 기준을 알아보자.

연구의 질

질적 연구에서 기준이 존재하는가?

요즘 한창 즐겨보는 TV 프로그램이 있다. '슈퍼밴드2'다. 음악천재들의 밴드결성 프로젝트라는 의도에 걸맞게 나이와 전공도, 악기 종류도 가지가지다. 그들이 매번 새롭게 팀을 짜서 신선한 시도를 하고 지금까지와는 다른 감동을 전달하려 노력한다.

지난주 어느 팀은 조금 아쉬운 평가를 받았다. "예상대로 흘러가서 뻔하다." 편곡의 정석을 너무나 잘 따랐기에, 그래서 아쉽다는 것이다. 인터넷 댓글을 보니, 좋았는데 왜 그렇게 평가가 박하냐는 말도 있다. 이처럼 어디에 기준을 두느냐에 따라 평가는 달라진다. 개인 취향도 있으니 주관적이기도 하고.

음악에 대한 평가와 질적 연구의 질을 같은 선상에서 비교할 수는 없다. 엄연히 한쪽은 예술이고 다른 한쪽은 학문이다. 하지만 질적 연구는 양적 연구와는 달리 예술 쪽에 한쪽 발을 살짝 걸치고 있다. 그래서 기준을 어디에 두느냐에 따라 평가가 달라지기도 한다. 누군가는 연구가 마음을 울리고 지적으로 자극을 주었다며 좋은 평가를 내리기도 하고 똑같은 연구를 누군가는 엄격한 학문이 아니라고 말하는 경우도 있다. 예상대로 흘러가기만 해서는 아쉬운데, 거기서 크게 변주를 하면 불편하다.

고민스럽다. 심사기준표를 만들고 여기에 맞춰 채점하면 공정할까? 공정은 하겠지만, 기준에 맞춰 재단하느라 우리가 기대하던 놀라운 작품이 만들어질 것 같지는 않다. 모두가 기준에 맞췄을 경우 이 안에서 누가 더 나은지에 대한 논란이 발생할 수도 있다. 연구에서 이 심사기준표는 보통 타당도와 신뢰도다.

타당도와 신뢰도

전통적인 연구에서는 연구 결과가 타당한지(validity)를 확인하기 위해서 보통 내적 타당도(internal validity), 외적 타당도(generalizability), 신뢰도(reliability), 객관도(objectivity)를 본다.

- 내적 타당도: 증거가 현실(reality)을 잘 반영하고 있는가?
- 외적 타당도: 연구 결과를 다른 상황에까지 일반화시킬 수 있는가?
- 신뢰도: 다른 사람이 같은 방법으로 다시 조사하면 같은 결과를 얻을 것인가?
- 객관도: 측정 결과가 검사자 간 어느 정도 일치하는가?

반면, 이러한 네 가지 기준을 질적 연구에 적용했을 때에는 아래와 같은 몇 가지 문제가 발생한다.

- 증거가 현실(reality)을 잘 반영하고 있는가? → 질적 연구에서 현실은 끊임없이 변화하는 것이다. 그리고 대상에 따라 현실을 다르게 볼 수 있다.
- 연구 결과를 다른 상황에까지 일반화시킬 수 있는가? → 질적 연구는 일반화의 전제가 되는 무작위 표집을 하지 않는 데다가 특정 대상에 대한 깊은 이해가 우선적인 목적이다.
- 다른 사람이 같은 방법으로 다시 조사하면 같은 결과를 얻을 것인가? → 사회과학에서 명확한 신뢰도를 추구하는 것 자체가 어려운 문제다. 사회과학은 고정된 물체를 연구하는 것이 아니라 인간의 행동을 보기 때문에 결과는 매번 차이가 날 수 있다.
- 측정 결과가 검사자 간 어느 정도 일치하는가? → 현실에 대한

이해는 보는 사람의 관점과 해석을 반영하기 때문에 모든 사람
이 동일하게 보기란 어렵다.

그래서 질적 연구자들은 전통적인 타당도 기준을 참고로 한 나름의
기준을 적용하기도 한다(Lincoln & Guba, 1985). 질적 연구에서 결과가
얼마나 믿을만한가는 trustworthiness(타당도, 신실성)라는 단어로 표현
한다. 여기에는 다음의 기준이 포함된다.

- 신뢰도(credibility): 연구자의 분석을 신뢰할 수 있는가? 충분히
  세부적으로 설명되었는가?
- 전이가능성 또는 적용가능성(transferability): 외부의 상황이 연구
  현장과 비슷하다면 연구 결과가 적용될 수 있는가?
- 의존도(dependability) 또는 일관도(consistency): 연구자는 어
  느 정도 일관되게 연구를 진행하였는가?
- 확증가능성(confirmability): 자료에서 결과로 바뀌어간 전 과정
  을 외부에서 확인할 수 있는가?

타당도와 신뢰도만 따지는 불편함

타당도와 신뢰도는 연구 공동체에
서 중요한 부분이다. 분석적 자문화기술지를 선호하는 연구자들 역시
타당도와 신뢰도를 높이기 위해 노력한다. 반면 거겐(Gergen, 2014)의
표현대로 자문화기술지는 가설을 검증하거나 일반화된 행동법칙을 만
드는 연구가 아니며 문학적인 글쓰기를 활용해서 삶의 다양한 이면을
보여주고 독자들이 연구자와 그 느낌을 공감할 수 있도록 하려는 목적
을 갖는다. 여기에 전통적 실증주의의 가정에서 나온 타당도와 신뢰도
만을 요구하는 것은 학문적 연구를 위해 학문의 새로운 발전을 막는 오

류를 범할 수 있다.

예를 들어 홀트(Holt, 2003)는 체육 분야에서 자문화기술지를 했다. 연구는 4번의 시도를 거쳐 학술지에 실릴 수 있었다. 그 과정에서 7명의 심사자와 4명의 편집자를 거쳤는데 이들은 대부분 원고 내용에 대한 피드백보다 자문화기술지라는 방법론 자체에 대한 언급에 치중했다고 한다. 특히 타당도나 신뢰도라는 평가 가능한 기준에 맞춰서 현실적으로 글을 수정할 것을 요구했다고 한다.

타당도와 신뢰도라는 전통적인 기준을 적용하는 것이 최선인지는 연구자들이 갖는 인식론적, 존재론적 가정에 따라 차이가 난다.

> "기준이란 단어는 모더니스트와 포스트모더니스트, 경험주의자와 해석주의자를 갈라놓는다... 바람직하고 유용한 것과 그렇지 않은 것이 무엇인지를 선택할 수밖에 없음에는 양쪽 모두가 동의한다. 차이점은 한쪽에서는 "객관적" 방법과 과정을 적용해서 자신의 선택을 결정해야 한다고 믿는 반면 다른 쪽은 이러한 선택이란 자신의 가치, 그리고 주관성과 떼려야 뗄 수 없다고 믿는다는 것이다."(Bochner, 2000, p. 266)

자문화기술지의 경우 사회과학 분야에서는 아직까지 새로운 방법론이기 때문에 잘 된 연구의 기준이 상대적으로 덜 확실하다. 그렇다고 '전통적인 타당도, 신뢰도에 맞춘 글을 써서 심사자인 나를 설득시켜라' 하고 요구하는 것은 조금 무리가 있다.

부실한 vs. 잘 된 자문화기술지 연구

부실한 자문화기술지 연구

전통적인 기준으로 판단하기는 어렵지만 자문화기술지 역시 학술 연구다. 그리고 이러한 기준에 잘 부합하는 수준 높은 연구가 있는 반면 그렇지 않은 연구도 많다. 여러 연구자들(Atkinson, 1997; Chang, 2008; Ellis, 2004; Holt, 2003; Sparkes, 2002; Wall, 2016)이 말하는 자문화기술지 연구자가 범하기 쉬운 몇 가지 잘못의 예를 보면서 자신의 연구를 검토해 보자.

지나친 자기도취(Narcissistic)
- 연구자는 오직 자기 자신의 문제에만 초점을 둔다. 타인의 이야기는 들리지 않는다.
- 연구자 혼자만 말한다. 독자는 일방적으로 연구자의 경험을 들어야만 한다.
- 적절한 자기 성찰이나 자기 비판적 시선이 없이 혼자만의 감정에 빠져있다.
- 자신의 어려움을 털어놓고 나니 치유가 된다면서 연구를 힐링으로 착각한다.

방어적인 글
- 연구자의 경험을 합리화한다. 왜 당시에 그럴 수밖에 없었는지 말하며 자기 방어적인 글을 쓴다.
- 자문화기술지 연구에 빠져서 전통적인 연구, 또는 그러한 연구를 하는 연구자를 비난한다.

학문적 엄격성이 떨어지는 글

- 개인의 경험이 문화나 역사, 정치 등과 어떻게 연결되는지를 살펴보지 않는다.
- 스토리텔링에만 치중하고 자료의 분석과 해석은 부족하다. 학문적 기여도가 떨어진다.
- 개인적 기억에만 의존할 뿐 그 밖의 자료를 추가적으로 수집해서 보완하지 않는다.
- 윤리적인 문제를 고려하지 않는다.

잘 된 자문화기술지 연구

그렇다면 잘 된 자문화기술지는 어떤 연구일까? 여러 연구자들(Brigg & Bleiker, 2010; Bullough & Pinneger, 2001; Ellis, 2004; Feldman, 2003; Freeman, 2007; Hughes, Pennington, & Makris, 2012; Manning & Adams, 2015; Sparkes, 2020)이 말하는 좋은 자문화기술지의 특징을 보면서 자신의 연구를 검토해 보자.

개인적 관심 + 사회문화적 의미

- 개인적인 내용을 넘어서 사회과학 연구에 적절한 연구 질문을 던진다. 독자들도 관심 있게 읽어볼 만한 연구가 되도록 한다.
- 개인의 경험을 포함하면서도 분석을 깊이 있게 하면서 자신의 경험이 문화적으로 어떠한 의미와 중요성을 갖는지 살펴본다.
- 사람들의 삶을 향상시키는 데 어떠한 기여를 하는지 설명한다.

지식의 확장

- 삶의 경험을 넓은 이론적 관점에서 설명한다. 기존의 이론이나 다른 학자의 연구를 적극적으로 활용한다.

- 자신의 연구가 현실에서 해결되지 않은 문제를 푸는 데 어떠한 기여를 하는지 알아본다.

비판적 성찰
- 스스로의 주관성을 깊게 성찰한다.
- 연구자가 사람들과의 관계 속에서 어떠한 역할을 하는지 살펴본다.
- 고정된 정체성 대신 상황마다 달라지는 자신의 생각과 태도를 성찰하고 이것이 세상을 이해하는 자신의 관점에 어떠한 영향을 미치는지 알아본다.
- 자신이 처한 상황에서 느끼는 모순이나 갈등, 양가감정 등 복잡한 감정을 이해하고 전달한다.
- 실천적인 지식, 세상을 바꾸는 지식은 연구자 개인의 변화에서 부터 시작됨을 이해한다. 연구를 하면서 스스로가 어떻게 변화해 갔는지를 살펴본다.

투명한 연구
- 진정성 있고 믿을만한 연구가 되도록 어떠한 노력을 기울였는지 기술한다.
- 다양한 자료를 수집해서 주제를 여러 각도에서 살펴본다.
- 연구 현장에서 자신의 역할, 자료 수집 과정, 인터뷰와 설문지 종류, 사용한 도구, 맥락과 장소 등을 설명한다.

윤리적 연구
- 자신과 타인에 대한 연구 윤리를 철저히 지킨다.
- 참여자들의 이야기를 듣거나 이들의 의견을 분석에 고려한다.

효과적인 전달

- 독자에게 진실로 와닿으며 독자들이 연구자의 분석과 자신의 경험을 연결시킬 수 있도록 한다.
- 구체적이고 생생한 감정묘사와 맥락에 대한 설명을 포함한다.
- 살아 움직이는 복잡한 캐릭터 묘사를 통해 인간에 대한 이해를 넓힌다.

마지막으로 펄라이어스(Pelias, 2019, p. 32)의 체크포인트를 검토하면서 자문화기술지를 하는 자신의 의도와 책임을 다시 한번 되새기는 것도 도움이 될 것이다.

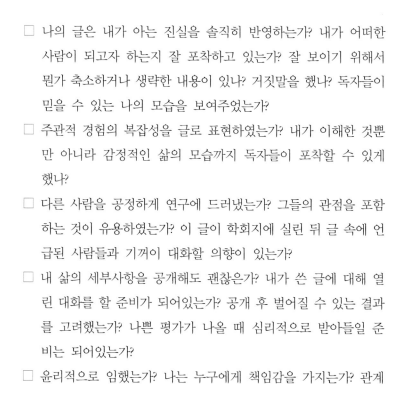

□ 나의 글은 내가 아는 진실을 솔직히 반영하는가? 내가 어떠한 사람이 되고자 하는지 잘 포착하고 있는가? 잘 보이기 위해서 뭔가 축소하거나 생략한 내용이 있나? 거짓말을 했나? 독자들이 믿을 수 있는 나의 모습을 보여주었는가?

□ 주관적 경험의 복잡성을 글로 표현하였는가? 내가 이해한 것뿐만 아니라 감정적인 삶의 모습까지 독자들이 포착할 수 있게 했나?

□ 다른 사람을 공정하게 연구에 드러냈는가? 그들의 관점을 포함하는 것이 유용하였는가? 이 글이 학회지에 실린 뒤 글 속에 언급된 사람들과 기꺼이 대화할 의향이 있는가?

□ 내 삶의 세부사항을 공개해도 괜찮은가? 내가 쓴 글에 대해 열린 대화를 할 준비가 되어있는가? 공개 후 벌어질 수 있는 결과를 고려했는가? 나쁜 평가가 나올 때 심리적으로 받아들일 준비는 되어있는가?

□ 윤리적으로 임했는가? 나는 누구에게 책임감을 가지는가? 관계

적 윤리를 잘 고려했는가?

☐ 자문화기술지를 써서 내가 얻기를 원하는 것은 무엇인가? 이 글
은 어떠한 역할을 하는가? 나와, 내 글에 실린 다른 사람과, 그
리고 내 경험을 공유하는 사람들에 대해 무엇을 드러내는가?
문화에 대해 무엇을 드러내는가?

마무리하며

지금까지 자문화기술지가 무엇이고
자료 수집과 분석은 어떻게 하며 글은 어떻게 써야 하는지, 그리고 잘
된 자문화기술지란 무엇인지에 대해 살펴봤다. 생각보다 쉽지 않으면서
도 매력적인 방법론임에는 틀림없는 것 같다. 장점도 많다. 연구자 자신
에게 친숙한 자료를 사용해서 시간과 장소의 제약 없이 쉽게 연구를 시
작할 수 있다. 뿐만 아니라 자기 자신, 타인, 그리고 문화에 대한 이해
를 넓혀준다. 스스로의 틀을 벗어나기만 한다면 말이다.

안젤라 데이비스(미국의 아프리카계 인권 운동가)는 '벽을 눕히면 다리가
된다'고 했다. 연구자 개인의 경험 역시 펼치면 세상과 연결될 다리가
될 것이다.

참고문헌

김명찬(2015). 나는 왜 서울대학교 박사가 되어야 했나? 교육인류학연구, 18(2), 163−195.

김지영 & 주형일(2014). 디지털 사진행위를 어떻게 이해할 것인가? 협업적 자기민속지학 연구를 바탕으로. 한국언론정보학보, 67, 62−87.

김지현, 문한나, 성문주, 손수진, 이정은, 한유리(2013). 고등교육맥락에서 본 학습자의 전환학습 경험에 대한 자기 성찰적 보고. Andragogy Today, 16(2), 31−57.

박순용, 장희원, 조민아(2010). 자문화기술지: 방법론적 특징을 통해 본 교육 인류학적 가치의 탐색. 교육인류학연구, 13(2), 55−79.

박영욱(2009). 데리다 & 들뢰즈: 의미와 무의미의 경계에서. 서울: 김영사.

윤택림(2004). 문화와 역사연구를 위한 질적연구 방법론. 서울: 아르케.

이중원(2007). 과학지식도 사회적으로 구성된다: 사회구성주의. In 이상우, 홍성욱, 장대익, 이중원 (Eds.), 과학으로 생각한다 pp. 240−249. 서울: 동아시아.

최윤아(2017). 뽑히는 글쓰기: 시험에 통하는 글쓰기 훈련법. 서울: 스카트북스.

홍성욱(2007). 과학의 발전은 사회혁명을 닮았다: 토머스 쿤. In 이상우, 홍성욱, 장대익, 이중원 (Eds.), 과학으로 생각한다 pp. 220−229. 서울: 동아시아.

Adams, T. E. (2017). Autoethnographic resposibilities. International Review of Qualitative Research, 10(1), 62−66.

Adams, T. E. (2006). Seeking father: Relationally reframing a troubled love story. Qualitative Inquiry, 12(4), 704−723.

Adams, T. E., Holman Jones, S., & Ellis, C. (2015). Autoethnography: Understanding qualitative research. New York, NY: Oxford University Press.

Adams, T. E., & Manning, J. (2015). Autoethnography and family research. Journal of Family Theory & Review, 7, 351−366.

Adler, P. A. & Adler, P. (1994). Observation techniques. In N. K. Denzin and Y. S. Lincoln (Eds.), Handbook of Qualitative Research. Thousand Oaks, CA: Sage.

Alvesson, M. (2003). Methodology for close up studies: Struggling with closeness and closure. Higher Education, 46(2), 167−193.

Alvesson, M., & Kärreman, D. (2011). Qualitative research and theory development: Mystery as method. London, England: SAGE.

Anderson, L. (2006). Analytic autoethnography. Journal of Contemporary Ethnography, 35(4), 373−395.

Anderson, Nels (1923). The Hobo: The Sociology of the Homeless Man. Chicago: University Of Chicago Press.

Atkinson, P. (1997). Narrative turn or blind alley? Qualitative Health Research, 7(3), 325−344.

Atkinson, P. & Pugsley, L. (2005). Making sense of ethnography and medical education. Medical Education, 39, 228−234.

Becker, H. S. (2007). Writing for social scientists: How to start and finish your thesis, book, or article (2nd ed.) Chicago, IL: The University of Chicago Press.

Berry, T. R. (2005). Black on black education: Personally engaged pedagogy for/by African American pre−service teachers. The Urban Review, 37(1), 31−48.

Bochner, A. P. (2012). On first−person narrative scholarship: Autoethnography as acts of meaning. Narrative Inquiry, 22(1),

155 – 164.

Bochner, A. P. (2000). Criteria against ourselves. Qualitative Inquiry, 6(2), 266 – 272.

Boyle, M. & Parry, K. (2007). Telling the whole story: The case for organizational autoethnography. Culture and Organizaton, 13(3), 185 – 190.

Bleiker, R. (2019). Visual autoethnography and international security: Insights from the Korean DMZ. European Journal of International Security, 4, 274 – 299.

Brinkmann, S. (2014). Doing without data. Qualitative Inquiry, 20(6), 720 – 725.

Brinkmann, S. (2012). Qualitative inquiry in everyday life: Working with everyday life materials. Thousand Oaks, CA: Sage.

Braun, V., & Clarke, V. (2006). Using thematic analysis in psychology. Qualitative Research in Psychology, 3, 77 – 101.

Brigg, M., & Bleiker, R. (2010). Autoethnographic international relations: exploring the self as a source of knowledge. Review of International Studies, 36, 779 – 798.

Bullough, Jr. R. V. & Pinneger, S. (2001). Guidelines for quality in autobiographical form of self – study research. Educational Research, 30(3), 13 – 21.

Chang, H. (2016). Autoethnography in Health Research: Growing pains? Qualitative Health Research, 26(4), 443 – 451.

Chang, H. (2008). Autoethnography as method. Walnut Creek, CA: Left Coast Press.

Chang, H., Ngunjiri, F. W., Hernandez, K, C. (2013). Collaborative autoethnography. New York, NYL Routledge.

Charmaz, K. (2006). The power of names. Journal of Contemporary Ethnography, 35(4), 396 – 399.

Clandinin, D. J. (2015). 내러티브 탐구의 이해와 실천. 서울: 교육과학사.

(원전은 2013에 출판)

Clarke, M. (1990). Memories of breathing: A phenomenological dialogue: Asthma as a way of becoming. Phenomenology + Pedagogy, 8, 208－223.

Crawford, L. C. (1996). Personal ethnography. Communication Monographs, 63, 158－170.

Creswell, J. W. (2017). 질적연구의 30가지 노하우. 서울: 박영Story. (원전은 2015에 출판)

Delamont, S. (2007). Arguments against auto－ethnography. British Educational Research Association Annual Conference, Institute of Education, University of London, 5－8 September 2007.

Denzin, N. (2014). Interpretive autoethnography (2nd ed.). Thousand Oaks, CA: Sage.

Denzin, N. (1989). Interpretive Interactionism. Newbury Park, CA: Sage.

Denzin, N. K., & Lincoln, Y. S. (2003). Introduction: The discipline and practice of qualitative research. In N. K. Denzin & Y. S. Lincoln (Eds.), Strategies of qualitative inquiry (2nd Ed.) (pp. 1 － 45). Thousand Oaks, CA: Sage.

Denzin, N. K., & Lincoln, Y. S. (1994). Introduction: Entering the field of qualitative researhc. In N. K. Denzin & Y. S. Lincoln (Eds.), The Handbook of Qualitative Research (pp. 1 － 19). Thousand Oaks, CA: Sage.

Dewey, J. (2011). 하우 위 싱크: 과학적 사고의 방법과 교육. (정회욱 역). 학이시습. (원전은 1910년에 발간)

Doloriert, C. & Sambrook, S. (2012). Organisational autoethnography. Journal of Organizational Ethnography, 1(1), 83－95.

Ellingson, L. L., & Ellis, C. (2008). Autoethnography as constructionist project. In J. A. Holstein, & J. F. Gubrium (Eds.), Handbook of constructionist research (pp. 445－465). New York: Guilford.

Ellis, C. (2009). At home with "real Americans": Communicating across the urban/rural and black/white divides in the 2008 presidential election. Cultural Studies $< - >$ Critical Methdologies, 9(6), 721 − 733.

Ellis, C. (2009). Revision: Autoethnographic reflections on life and work. New York, NY: Left Coast Press, Inc.

Ellis, C. (2007). Telling secrets, revealing lives: Relational ethics in research with intimate others. Qualitative Inquiry, 13(1), 3 − 29.

Ellis, C. (2004). The ethnographic I: A methodological novel about autoethnography. Walnut Creek, CA: AltaMira.

Ellis, C. (1996). Maternal connections. In C. Ellis and A. Bochner (Eds.). Composing Ethnography (pp. 240 − 243). Walnut Creek, CA: AltaMira Press.

Ellis, C., & Adams, T. E. (2014). The purposes, practices, and principles of autoethnographic research. In P. Leavy (Ed.), Oxford library of psychology. The Oxford handbook of qualitative research (p. 254-276). Oxford University Press.

Ellis, C. & Bochner, A. (1996). Composing Ethnography: Alternative forms of qualitative writing. Walnut Creek, CA: Sage.

Ellis, C. (1995a). Final negotiations: A story of love, loss, and chronic illness. Philadelphia: Temple University Press.

Ellis, C. (1995b). Speaking of dying: An ethnographic short story. Symbolic Interaction, 18, 73 − 81.

Ellis, C. (1991). Sociological introspection and emotional experience. Symbolic Interaction, 14(1), 23 − 50.

Feldman, A. (2003). Validity and quality in self − study. Educational Researcher, 32(3), 26 − 28.

Fineman, S. (Ed.). (1993). Emotion in organizations. London: Sage.

Fortune, D. & Mair, H. (2011). Notes from the sports club: Confessional tales of two researchers. Journal of Contemporary

Ethnography, 40(4), 457−484.

Freeman, M. (2007). Autobiographical understanding and narrative inquiry. In D. J. Clandinin (Ed.), Handbook of Narrative Inquiry: Mapping a Methodology (pp. 120−145). Thousand Oaks, CA: Sage.

Geertz, G. (2009). 문화의 해석. (문옥표 역). 서울: 까치글방. (원전은 1973에 출판)

Geist−Martin, P., Gates, L., Wiering, L., Kirby, E., Houston, R., Lilly, A., & Moreno, J. (2010). Exemplifying collaborative autoethnographic practice via shared stories of mothering. Journal of Research Practice, 6(1), Article M8. Retrieved [2021. 4. 21], from http://jrp.icaap.org/index.php/jrp/article/view/209/187

Gergen, K. J. (2020). 사회구성주의로의 초대. (한유리 역). 서울: 박영Story. (원전은 2015에 출판)

Gergen, K. J. (2014). Pursuing excellence in qualitative inqury. Qualitative Psychology, 1(1), 49−60.

Gergen, K. J. & Gergen, M. M. (2018). Doing things with words: toward evocative ethnography. Qualitative Research in Psychology, 1−14.

Gilmore, S., & Kenny, K. (2015). Work−worlds colliding: Self−reflexivity, power and emotion in organizational ethnography. Human Relations, 68(1), 55−78.

Guillemin, M., & Gillam, L. (2004). Ethics, reflexivity, and "ethically important moments" in research. Qualitative Inquiry, 10, 261−280.

Hall, E. T. (2000). 침묵의 언어. (최효선 역). 서울: 한길사. (원전은 1959년에 발간)

Han, Y. (2012). Grief and work: The experience of losing a close coworker by cancer. Journal of Management Inquiry, 21(3), 288−296.

Harder, R., Nicol, J. J., & Martin, S. L. (2020). "The power of personal experiences": Post−publication experiences of researchers using autobiographical data. The Qualitative Report, 25(1), 238－253.

Hayano, D. M. (1982). Poker faces: The Life and Work of Professional Card Players. University of California Press.

Hayano, D. M. (1979). Auto－Ethnography: Paradigms, problems, and prospects. Human Organization, 38(1), 99－104.

Heider, K. G. (1975). What do people do? Dani auto－ethnography. Journal of Anthropological Research, 31(1), 3－17.

Holman Jones, S. (2005). (M)othering loss: Telling adoption stories, telling performativity. Text and Performance Quarterly, 25(2), 113－135.

Holt, Nicholas L. (2003). Representation, legitimation, and autoethnography: Anautoethnographic writing story. International Journal of Qualitative Methods, 2(1).Article 2. Retrieved [INSERT DATE] from http://www.ualberta.ca/~iiqm/backissues/2_1final/html/holt.html

Hopkins, J. B. (2020). Autoethnography in undergraduate writing courses. New York, NY: Peter Lang Publishing.

Hughes, S. & Pennington, J. L. (2017). Autoethnography: Process, product, and possibility for critical social research. Thousand Oaks: Sage.

Hughes, S., Pennington, J. L., & Makris, S. (2012). Translating autoethnography across the AERA standards: Toward understanding autoethnographic scholarship as empirical research. Educational Researcher, 41(6), 209－219.

Jackson, A. Y. & Mazzei, L. A. (2015). Experience and "I" in autoethnography: A deconstruction. International Review of Qualitative Research, 1(3), 299－318.

James, W. (2020). 하버드 철학수업. (이지은 역). 서울: 나무와 열매.

Jewkes, Y. (2011). Autoethnography and emotion as intellectual resources: Doing prison research differently. Qualitative Inquiry, 18(1), 63－75.

Karra, N., & Phillips, N. (2008). Researching "Back home": International magagement research as autoethnography. Organizational Research Methods, 11(3), 541–561.

Kidd, J. & Finlayson, M. (2009). When needs must: Interpreting autoethnographical stories. Qualitative Inquiry, 15(6), 980–995.

LeCompte, M. D. (2000). Analyzing qualitative data. Theory into Practice, 39(3), 146–154.

Lee, S. Y. (2020). Now as a liminal space, writing as a patchwork: Autoethnographic reflections on the self in the middle of the pandemic. Qualitative Inquriy, 1–5.

Lincoln, Y. S. & Guba, E. G. (1985). Naturalistic Inquiry. Newbury Park, CA: Sage Publications.

Lois, J. (2003). Heroic efforts: The emotional culture of search and rescue volunteers. New York, NY: NYU Press.

Manning, J., & Adams, T. E. (2015). Popular culture studies and autoethnography: An essay on method. The Popular Culture Studies Journal, 3(1&2), 187–222.

Marcus, C., & Fischer, M. (1986). Anthropology as Cultural Critique. Chicago: University of Chicago Press.

Mariampolski, H. (2012). 마케터를 위한 에스토그라피. (이용숙 역). 서울: 일조각. (원전은 2005년에 출판)

Mello, R. A. (2002). Collocation analysis: a method foonceptualizing and understanding narrative data. Qualitative Research, 2(2), 231–243.

Mills, C. W. (1959, 2000). 사회학적 상상력. (강희경 외 역). 경기: 돌베개

Muncey, T. (2010). Creating autoethnographies. Thousand Oaks, CA: SAGE.

Muncey, T. (2005). Doing autoethnography. International Journal of Qualitative Methods, 4(1), 69–86.

Muncey T. (1998) The pregnant adolescent: sexually ignorant or destroyer of societies values. In M. Morrisey (Ed.), Sexual Health:A Nursing Perspective (pp. 127-158). Mark Allen Publishing Ltd, Salisbury.

Muncey, T., & Robinson, R. (2007). Extinguishing the voices: Living with the ghost of the disenfranchised. Journal of Psychiatric and Mental Health Nursing, 14, 79－84.

Murakami－Ramalho, E., Piert, J., & Militello, M. (2008). The wanderer, the chameleon, and the warrior: Experiences of doctoral students of color developing a research identity in educational administration. Qualitative Inquiry, 14(5), 806－834.

Noblit, G. W. (2018). Meta－ethnography: Adaptation and return. In L. Urrieta, Jr., and G. W. Noblit (Eds.), Cultural constructions of Identity: Meta－Ethnography and Theory (pp. 33－49). New York, NY: Oxford University Press.

Pace, S. (2012). Writing the self into research: Using grounded theory analytic strategies in autoethnography. TEXT Special Issue: Creativity: Cognitive, Social and Cultural Perspectives, 1－16.

Parry, K. W. (2008). Viewing the leadership narrative through alternate lenses: an autoethnographic investigation. Management Revuew: the international review of management studies, 19(1＋2), 126－147.

Patton, M. Q. (2017). 질적연구 및 평가 방법론. 서울: 교육과학사. (원전은 2015에 출판)

Pelias, R. J. (2019). The creative qualitative researcher: Writing that makes readers want to read. New York, NY: Routledge.

Pennebaker, J. W. (2000). Telling stories: The health benefits of narrative. Literature and Medicine, 19(1), 3－18.

Pillay, S. S. (2012). 과학적인 리더십: 뇌기반 CEO코칭. (이민희 역). 서울: 시그마프레스. (원저는 2010에 출판)

Prasad, A. (2014). You can't go home again: And other psychoanalytic lessons from crossing a neo－colonial border. Human Relations,

67(2), 233−257.

Reed−Danahay, D. (2017). Bourdieu and critical autoethnography: Implications for research, writing, and teaching. International Journal of Multicultural Education, 19(1), 144−154.

Reed−Danahay, D. E. (1997). Introduction. In D. Reed−Danahay (Ed.) Auto/Ethnography: Rewriting the self and the socia, pp. 1−17. Oxford and New York: Berg Publishers.

Rhodes, C. (2000). Ghostwriting research: Positioning the researcher in the interview text. Qualitative Inquiry, 6(4), 511−525.

Richards, R. (2008). Writing the othered self: Autoethnography and the problem of objectification in writing about illness and disability. Qualitative Health Research, 18(12), 1717−1728.

Richardson, L., & St. Pierre, E. A. (2005). Writing: A method of inquiry. In N. K. Denzin & Y. S. Lincoln (Eds.), The Sage handbook of qualitative research (3rd ed., pp. 959−978). Thousand Oaks, CA: Sage.

Roulston, K. (2001). Data analysis and 'theorizing as ideology'. Qualitative Resesarch, 1(3), 279−302.

Sanders, C. R. (1993). Understanding dogs: Caretakers' attributions of mindedness in canine−human relationships. Journal of Contemporary Ethnography, 22(2), 205−226.

Schwandt, T. A. (2015). The SAGE dictionary of qualitative inquiry (4th ed.). Thousand Oaks, CA: Sage.

Seidman, I. (2009). 질적 연구 방법으로서의 면담. 서울: 학지사. (원전은 2005에 출판)

Sherman, R. (1998). Class acts: Service and inequality in luxury hotels. Berkeley, CA: University of California Press.

Side, E. W. (2007). 오리엔탈리즘/개정증보판. (박홍규 역). 서울: 교보문고. (원저는 1978년에 출판)

Sparkes, A. C. (2020) Autoethnography : Accept, revise, reject?

Reflections of an evaluative self. Qualitative Research in Sport, Exercise and Health, 12(2), pp. 289－302.

Sparkes. A. C. (2002). Telling tales in sport and physical activity: A qualitative journey. Champaign, IL: Human Kinetics.

Sparkes, A. C. (1996). The Fatal flaw: A narrative of the fragile body－self. Qualitative Inquiry, 2(4), 463－494.

St. Pierre, E. A. (2014). Journal of Curriculum Theorizing, 30(2), 2－19.

St. Pierre, E. A., & Jackson, A. Y. (2014). Qualitative data analysis after coding. Qualitative Inquiry, 20(6), 715－719.

Staller, K. M. (2015). Qualitative analysis: The art of building briddging relationships. Qualitative Social Work, 14(2), 145－153.

Stringer, E. (1997). Teaching community－based ethnography. In E. Stringer (Ed.), Community－based ethnography: Breaking traditional boundaries of research, teaching, and learning (pp. 17－37). Mahwah, NJ: Lawrence Erlbaum.

Taber, N. (2010). Institutional ethnography, autoethnography, and narrative: an argument for incorporating multiple methodologies. Qualitative Research, 10(1), 5－25.

Taylor, K. L., Sørly, R., & Karlsson, B. (2021). Throwing Pebbles While Waiting: An Autoethnographic Exploration of Mental Health and Colonialism. The Qualitative Report, 26(7), 2318－2332. https://doi.org/10.46743/2160－3715/2021.4848

Tedlock, B. (2000). Ethnography and ethnographic representation. In N. K. Denzin & Y. S. Lincoln (Eds.), Handbook of qualitative research (pp. 455－486). Thousand Oaks, CA: Sage.

Tillmann－Healy, L. M. (1996). A secret life in the culture of thinness: Reflections on body, food, and bulimia. In C. Ellis and A. Bochner (Eds.). Composing Ethnography (pp. 76－108). Walnut Creek, CA: AltaMira Press.

Tolich, M. (2010). A critique of current practice: Ten foundational guildelines for autoethnographers. Qualitative Health Research, 20(12), 1599−1610.

Toyosaki, S., Pensoneau−Conway, S. L., Wendt, N. A., & Leathers, K. (2009). Community autoethnography: Compiling the personal and resituating whiteness. Cultural Studies ＜＝＞ Critical Methodologies, 9(1), 56−83.

van Maanen, J. (2004). An end of innocence: The ethnography of ethnography. In S. N. Hesse−Biber and P. Leavy (Eds.) Approaches to qualitative research (pp. 427−446). New York, NY: Oxford University Press.

van Maanen, J. (1988). Tales of the field: On writing ethnography. Chicago University of Chicago Press.

Wacquant, L. (2006). Body & soul: Notebooks of an apprentice boxer.

Wall, S. S. (2016). Toward a moderate autoethnography. International Journal of Qualitative Methods, January−December, 1−9.

Wall, S. (2008). Easier said than done: Writing an autoethnography. International Journal of Qualitative Methods, 7(1), 38−53.

Wall, S. (2006). An Autoethnography on Learning about Autoethnography. International Journal of Qualitative Methods, 5(2), 1−12.

Wheatley, M. J. (2002). Tuning to one another: Simple conversations to restore hope to the future. San Francisco, CA: Berrett−Koehler.

Winograd, K. (2002). The netotiative dimension of teaching: teachers sharing power with the less powerful. Teaching and Teacher Education, 18, 343−362.

Wyatt, J. (2020). Encountering autoethnography. Journal of Autoethnography, 1(1), 60−63.

Wyatt, J. (2010). Troubling Detail: Mother, Gender, and Care in Carolyn Ellis' Revision. International Review ofQualitative Research, 2(4), 513−517.

Yang, S. (2012). An autoethnography of a childless woman in Korea. Affilia: Journal of Women and Social Work, 27(4), 371−380.

저자 소개

한유리

이화여자대학교 정치외교학과를 졸업하고, 동 대학원에서 상담심리로 석사학위를, 조지아 대학(The Univ. of Georgia)에서 성인교육 및 인적자원개발로 박사학위를 받았다. 더 많은 사람들이 질적 연구를 쉽게 접하고 즐겁게 연구할 수 있도록 배우고 전달하는 것에 관심이 있다. 『질적연구입문』, 『초보연구자를 위한 질적 자료 분석가이드』를 썼고, 『질적연구의 30가지 노하우』, 『문헌리뷰 작성가이드』, 『사회구성주의로의 초대』를 번역하였다.
dain5479@naver.com

차근차근 자문화기술지

초판발행	2022년 1월 3일
중판발행	2024년 11월 8일
지은이	한유리
펴낸이	노 현
편 집	김다혜
표지디자인	이수빈
제 작	고철민·김원표
펴낸곳	㈜ 피와이메이트
	서울특별시 금천구 가산디지털2로 53, 한라시그마밸리 210호(가산동)
	등록 2014. 2. 12. 제2018-000080호
전 화	02)733-6771
f a x	02)736-4818
e-mail	pys@pybook.co.kr
homepage	www.pybook.co.kr
I S B N	979-11-6519-204-4 93370

정 가   13,000원

박영스토리는 박영사와 함께하는 브랜드입니다.